汇通天下 乔致庸

刘屹松 ◎ 著

中国·武汉

图书在版编目（CIP）数据

汇通天下：乔致庸 / 刘屹松著 .-- 武汉：华中科技大学出版社，2024.3

ISBN 978-7-5772-0631-8

Ⅰ.①汇… Ⅱ.①刘… Ⅲ.①乔致庸—传记 Ⅳ.① K825.38

中国国家版本馆 CIP 数据核字（2024）第 060079 号

汇通天下：乔致庸　　　　　　　　　　　　　　　　　　刘屹松　著
Huitong Tianxia：Qiao Zhiyong

策划编辑：亢博剑

责任编辑：陈　然

责任校对：李　琴

装帧设计：VIOLET

版式设计：曹　弛

出版发行：华中科技大学出版社（中国·武汉）　　电话：（027）81321913
　　　　　武汉市东湖新技术开发区华工科技园　　邮编：430223

印　　刷：天津中印联印务有限公司

开　　本：710mm×1000mm　1/16

印　　张：15

字　　数：193 千字

版　　次：2024 年 3 月第 1 版第 1 次印刷

定　　价：49.80 元

本书若有印装质量问题，请向出版社营销中心调换
全国免费服务热线：400-6679-118　竭诚为您服务
版权所有　侵权必究

前言

山西乔氏一门的兴起源于乔致庸的祖父乔贵发。乔贵发是山西省祁县人,自幼父母双亡,在外祖父家长大。他与邻居程家的女儿青梅竹马,但程家觉得乔贵发无父无母,又没什么像样的家业,就拒绝了他的求亲。受到羞辱的乔贵发决定做出一番事业,他随一支驼队远走他乡,"走西口"来到了今天的包头,赚到些本钱以后,他离开了驼队,开起了豆腐店、菜店、草料铺,由于竞争少,他的店生意十分红火。清乾隆二十年(1755年),发了财的乔贵发开设了商号"广盛公","广盛公"的经营范围广泛,几乎涵盖了百姓生活的所有必需品,以粮、油、布为主,逐渐成为当地第一大商号。商号后来改名为"复盛公",此后的近两百年,该商号一直是乔家的基础产业,也是包头的核心产业。临终前,乔贵发将家产和股份交给三个儿子,但经营方面让三儿子乔全美处理。乔全美去世后,包头的生意又交到了其大儿子、乔致庸的兄长乔致广手中。

乔致庸,字仲登,号晓池,乳名亮儿,人称"亮财主",是乔家大院的第三代掌门人。他历经清嘉庆、道光、咸丰、同治、光绪五代,活了八十九岁。乔致庸幼年失去父母,由兄长和嫂嫂抚养大,受到乔家上下的宠爱。他年少聪颖，又有许多大胆的想法，本欲走入仕途，可他考中秀才后，兄长故去，而之前由于兄长的决策失误，乔家在一桩买卖中被算计，陷入困境，股东纷纷要求退股，乔家也有被破产清算的危机。就在这最困难的关键时刻，乔致庸接过了这副担子，承担起了振兴家族的使命。

在他的主持下，乔家不仅渡过了难关，乔家"复字号"的招牌再度发出耀人的光芒，虽然当时的世道并不太平，太平军、捻军等起义势力在各地此起彼伏，但他仍坚持疏通了南方的茶路和丝路，又在北方积极拓展经营范围。在乔致庸手中，乔家的生意比起祖父时候有了极大拓展，由"复盛公"派生出复盛全、复盛西、复盛油坊、复盛菜园、复盛西店、复盛西面铺等商号，仅在包头就多开了十几个门面，有"先有复盛公，后有包头城"的说法。

乔致庸有雄才大略，又多谋善断，是位商场高手。他适应时代的发展，以"汇通天下"为愿景，创立了大德通、大德恒票号。在他的经营下，乔家生意遍及全国各大商埠及水陆码头，业务繁忙，财多势旺，乔致庸成为商场巨贾。至清末，乔氏家族已经在中国各地有票号、钱庄、当铺、粮店两百多处，资产达到数千万两白银。当腐败无能的清政府签下丧权辱国的种种条约时，倍感无力的乔致庸为了不让白银外流，斥巨资兴建了乔家大院，成为那段晋商岁月的情感载体，保留至今。

前言

乔致庸经商有道，他常讲，为商应首重信，次讲义，第三才是利。他尊才重德、知人善用。当得知票号业的专业人才阎维藩被其他票庄辞退、要回乡时，他马上派儿子专程到途中迎接，礼聘阎维藩为大德恒票号总经理，阎维藩因此对他感恩戴德，对乔家事业殚精竭虑，苦心经营票号达26年之久。他采用按股分红制，充分调动了商号里上至掌柜、下至伙计的积极性。他待百姓同样随和，一生颇多善举。清光绪三年（1877年），山西遭受大旱，乔致庸慷慨捐银，同时大开粮仓，设立粥厂，赈济灾民，受到清廷"举孝悌加五级"并赏顶戴花翎的嘉奖。

在那个混乱腐败的年代，乔致庸为了保全家族和生意，广交权贵，乔家受益匪浅。光绪二十六年（1900年），慈禧太后与光绪帝西逃路过祁县，乔家做足了准备，慈禧太后与光绪帝就在大德通总号安歇了一夜，后御赐"福种琅嬛"匾额，大德通票号从此名声大噪，生意更加兴隆。再如乔致庸为左宗棠西征慷慨出资，督办军饷，左宗棠称他为"亮大哥"，并为其题赠"损人欲以复天理，蓄道德而能文章"。李鸿章筹建北洋水师，资金匮乏，面对其他商号的沉默或观望，乔致庸再次慷慨出资，李鸿章称赞："子孙贤族将大，兄弟睦家之肥。"官商结交如此之深，也显示了乔致庸的社会地位和事业格局。

虽为富一方，但乔致庸治家有道、课子有方，他定下"六不准"家规：一不准纳妾，二不准虐仆，三不准嫖娼，四不准吸毒，五不准赌博，六不准酗酒。他还经常告诫儿孙，要戒骄、戒贪、戒懒，亲拟对联"求名求利但须求己莫求人；惜食惜衣非为惜财当惜福"，并将它刻好，挂在内宅门上，告诫后人要注重节俭，不要贪图安逸。他还多次告诫后人："气忌躁，言忌浮，才忌露，学忌满；胆欲大，心欲小，知欲圆，行欲方。"也正因为如此，在动荡的清朝末年，乔家非但没有因此衰败，反而发展得更加壮大。

晋商乔家，在三晋大地屡创奇迹，在第五代当家人乔映霞的手上，最终还是没落了。作为乔致庸的孙子，乔映霞是乔致庸选定的接班人，他的能力不容置疑。只是当时的中华大地已遍布狼烟，举国战乱，乔家的生意难以再现昔日的辉煌。如今的乔家，最为人熟知的莫过于著名景点乔家大院。这座历经百年风雨的庞大建筑，向世人展示着晋商精神，诉说着乔家曾经的繁荣与昌盛。

目录

第一章　乔家发迹自此来　　1

第一节　走西口的乔家之祖　　1
第二节　乔秦合作创业　　7
第三节　创立商号　　12
第四节　改组复盛公　　15

第二章　天资聪颖性清高　　18

第一节　亮儿的童年　　18
第二节　善学多思　　26
第三节　儒学与商道　　29

第三章　弃学从商扛重担　　　　　39

第一节　艰难的抉择　　　39
第二节　苦渡难关　　　　49
第三节　重振复盛公　　　55

第四章　多元展业重人才　　　　　63

第一节　股制改革　　　63
第二节　广纳贤良　　　70
第三节　吸纳专才　　　77

第五章　漫漫商道艰难路　　　　　86

第一节　南下武夷山　　　86
第二节　飞来横祸　　　　98
第三节　北上设立分号　　104

第六章　兴造大院非本愿　　　　　112

第一节　重新开启丝路　　　112
第二节　理想破灭，购地置产　119
第三节　扩建大院　　　　　　126

目 录

第七章　汇通天下一生愿　　　132

第一节　汇通天下构想　　　132
第二节　高才委重任　　　140

第八章　慷慨解囊纾国难　　　147

第一节　拒买官位　　　147
第二节　仗义疏财　　　154
第三节　不改初心　　　165
第四节　广行善举　　　171

第九章　处盈虑方扩基业　　　175

第一节　礼遇阎维藩　　　175
第二节　定规矩，规范管理　　　180
第三节　新官上任　　　186
第四节　龙争虎斗，艰难前行　　　191

第十章　登顶巅峰留遗憾　　　198

第一节　提前筹划，进退有据　　　198
第二节　福种琅嬛　　　202
第三节　登顶巅峰　　　208

第十一章　泽润后世商人德　　215

　　第一节　商规、家规遗训　　215
　　第二节　家学教育　　219
　　第三节　育六子皆不顺意　　221

尾声　发家不易，守家更难　　224

乔家发迹自此来

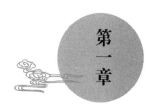
第一章

第一节 走西口的乔家之祖

清雍正八年（1730年）初春，大雪初霁，但西北风依然凛冽。山西祁县位于汾河东岸、太行山北麓，乔贵发天不亮就起了，他将自己仅有的几件衣服拿出来，用床单裹好。收拾妥当后，乔贵发来到堂屋，神色肃穆地看着正桌上父母的牌位，跪在地上郑重地磕了三个响头。

"好男儿自当争口气，活出个人样儿来！爹，娘，我走了，我要去闯西口，我一定混出个样再回来，求爹娘保佑我。"乔贵发从羞辱和自卑中振作起来了，他要去寻求新的生活，一个人背上行李悄悄地离开了祁县老家，去往"川陕通衢"的必经之地贾令镇，寻找"走西口"的机会。

西口，通常指人们所说的"杀虎口"，位于山西省朔州市右玉县，地势险要，属于雁北外长城最重要的关隘之一。明朝和蒙古通关互市后，一些军防关口变成汉蒙贸易的通商口岸，其中两处最重要，一处是河北省的张家口，称为东口；另一处便是山西省右玉县的杀虎口，称为西口。出了这个西口，就可到达归化城、包头、科布多、新疆北部各城；出东口，则可通往库伦、俄罗斯恰克图和其他边贸城镇。所谓"走西口""走东口"就是出关去往关外的这些地方，史上统称为"走口外"。

大约从明朝中期开始，山西涌现出了一批靠贩粮贩盐发家致富的商贾，他们拉着骆驼，走沙漠，冒风雪，穿戈壁，越长城，贯穿蒙藏边疆，深入俄境西伯利亚，又达欧洲腹地莫斯科、彼得堡，他们用数代人的汗水、泪水，甚至是血水，在西北的草原、戈壁、荒漠中走出了一条百年商路。此后数百年间，无数的山西人、陕西人、河北人也背井离乡，通过这条古道，涌入归化城（在今呼和浩特玉泉区）、土默特（今属呼和浩特）、察哈尔和鄂尔多斯等地谋生，不少人获得立家创业的第一桶金，有的甚至成为一方富豪。

当然，能够回到家乡光宗耀祖的人一定是少数。这条路艰险无比，饥饿和寒冷是北上贸易者的大敌。冬天商人们要面对的是零下四十多摄氏度的严寒和暴风雪，经常出现道路不通、迷失方向的事情。他们没有吃喝，孤立无援，还要应对狼群的袭击。除了要经历天气的变化无常，还要时常防备杀人越货的盗贼，稍有疏忽，就可能会死于非命。尤其到包头经商的山西商人，杀虎口是必经之路。当地有民谣："杀虎口，杀虎口，没有钱财难过口，不是丢钱财，就是刀砍头，过了虎口还心抖。"许多商人被抢、被杀，悄无声息地葬身沙漠，埋骨荒山。在这里，生命显得如此渺小和脆弱。如果不是被逼无奈，关内人是不会走出杀虎口的，所以对许多山西人来说，是搭着性命走西口的。

既然风险如此之大，那人们为何还是前赴后继地走西口呢？

《河曲县志》记载："河邑人耕商塞外草地，春夏出口，岁暮而归，但能经营力作，皆足糊口养家。本境地瘠民贫，仰食于口外者无虑数千人。"走西口的移民主要集中在晋西北、陕北等地，这一地区土壤贫瘠，气候寒冷，水土流失严重，可用来耕种的土地面积狭小，

第一章 乔家发迹自此来

而且自然灾害频发,民谣"河曲保德州,十年九不收"正是这一地区自然状况的真实写照。在这样恶劣的自然环境中,晋北百姓生活穷困艰辛,苦不堪言。每遇灾歉,贫苦农民为了维持温饱,只能到"天下黄河,唯富一套"的口外去出卖劳动力。虽然沿途要遭遇数不尽的艰难,但其中也蕴含着新的机遇,越是凶险的地方往往越是存在巨大的利益,这也是吸引晋商前赴后继走西口的动力。

乔贵发正是这样一个迫切希望改变命运的穷苦人,所以他毅然决然地踏上了走西口之路。

相传,乔家曾是祁县的大族,到乔贵发的父亲乔壮威时不幸家道中落,且人丁不旺。乔壮威是个没有文化的农民,但也深知读书对孩子的重要性。在乔贵发刚满六岁的时候,乔壮威就让他到同村的私塾中接受教育。

然而好景不长。乔贵发上学不到半年,乔壮威就染病去世了。就在乔壮威死后的第三年,灾难又一次向乔贵发袭来——本就体弱多病的母亲王氏不治而亡。此时的乔贵发年仅十岁,还只是一个懵懂的少年,瘦弱的肩膀无法挑起生活的重担,只得去东观村投靠外家。乔贵发的舅舅收留了他,让他住进了一处偏院。这个院子很大,是专用来做豆腐的。从此,他跟着舅舅磨豆腐、卖豆芽,稍有空闲,便去拾柴割草、打扫正院偏院。懂事的他,极力地表现着自己的能干,不愿被看作一个吃白饭的累赘。

苦难是财富,童年的处境在使乔贵发养成坚韧不拔性格的同时,也使他练就了一副结实的身板,他还掌握了一个谋生的手段——做豆腐。

三年多后,最疼爱他的外公、外婆相继去世,舅舅家的帮工,甚至舅母都对他冷淡了几分。而乔贵发正是长身体的时候,每顿饭都吃得比别人多,因此遭人嫌弃。寄人篱下的生活,乔贵发忍气吞声了很久,终于有一次他憋不住这口气了,便赌气返回了祖宅。

时值仲春,风和日丽,乔发贵像一只出笼的鸟一样轻快。三间老屋虽旧,一处老院虽破,却是他自己的,年仅十四岁的乔贵发开始了独立生活。他本性善良,聪明勤劳,将自家的几亩薄地耕种得很好,还常常利用余暇给别人打短工,春天帮人家扳辘轳浇地,夏天帮人家割麦子打场,能做什么就做什么。村里的人看到乔家又有了烟火气。

只是,乔贵发发现,凭这几亩薄田和自己的辛勤努力,收入非常有限。

就在这年,他到同村一户程姓人家提亲也遭到了拒绝。年迈的程老头与女儿程金环也种有几亩薄田,相依为命。但程老头毕竟一把年纪了,耕地已力不从心,因此就请乔贵发帮他家耕地,而程金环则帮乔贵发的地锄草。乔贵发与程金环打小就认识,两小无猜,关系一直比较亲密。而今,两人都十五六岁了,两个情窦初开的少年、少女自然情谊越来越深。但是当乔贵发鼓起勇气前往程老头家提亲时,却被程老头毫不留情地赶了出来,身无分文、家无余粮,竟然想把自己的独女娶进门,简直是痴心妄想。不久,程老头便把金环许配给了邻村王财主病恹恹的儿子。

乔贵发提亲不成,反而成为全村人的笑柄,这让他自信心、自尊心大受打击。他暗自发誓,就是拼死,也要活出个人样来!

可是,乔贵发家里就那么几亩薄田,风调雨顺收成好,也只能勉强糊口,一年劳作够一年吃用,攒不下多少钱粮。若年景不好,不仅攒不下分文,还要忍饥挨饿。这样种地、打短工,走的还是一条穷路,又如何能光宗耀祖呢?人们常说,晋中的平遥、祁县、太谷三县,遍地穷汉。穷怕了的汉子们,有的就会撇下锄头,挑起货郎担,远走他乡去做生意。乔贵发自然也想到了做生意,可他没有本钱,也没有近亲友邻相帮,真要丢下这几亩薄田做生意,只怕赔了夫人又折兵,所以他还是有些犹豫。

第一章 乔家发迹自此来

可过了不久,又发生了一桩令他羞辱难当的事情。在他十八岁这年,本家远亲侄儿娶亲,他兴冲冲地赶去帮忙。主管给乔贵发和几个小伙子派下了差事,让他们负责抬迎新的花轿,这个活计虽然累了些,却很风光,还有不少赏钱。几个人拥到轿子那里,说说笑笑地开始演练。可是,当唢呐声响起,乔贵发心底却涌起一阵莫名的惆怅与凄凉。

远侄今年十六岁,刚到当地成亲的年龄,而他已经十八出头了,却连个对象都没有,再看看周围年纪相仿的伙伴,大多已娶妻生子。乔贵发感慨身世,他那兴奋的心情顿时跌到了谷底。当晚独自回到家里,躺在清冷的土炕上,思念着已故的父母,他心里特别难受,不知不觉泪水迷蒙了双眼。直到天将放亮,才沉沉入睡。

第二天乔贵发一早醒来,已是日上三竿。猛然想起要去抬迎新花轿,这不是要误时辰了吗?他一骨碌爬起来就往侄子家跑,可还是迟了,迎新花轿早已出发,等着他的是主管阴沉沉的脸:"真是懒断了你的骨头,侄儿成亲的大事也要躲清闲,你真是泥巴扶不上墙。"

挨了一顿骂,乔贵发无力辩解,只得奔向厨房,想寻些事做,却又被主管叫住:"那儿没有你做的活儿,你还是回家抱着被子做梦去吧!"这话恰似一记耳光,让性格内向、不善言辞的乔贵发顿时满脸羞愧,他低着头从哄笑的人群中落荒而逃。

乔贵发度过了最难熬的一天,第二天一早,他终于下决心直奔贾令镇。

贾令镇位于祁县北官道要冲,是南来北往的商人驼队的必经之地。在贾令镇,乔贵发每遇到一支驼队经过,就问驼队的管事:"您这是去哪里呀?还需要卖苦力的人手吗?"

一连三天都没有驼队愿意带上乔贵发,但他没有气馁。第四天他遇上了祁县的一支驼队,立马再次迎上前去问管事:"您是大盛魁的管事吧？大盛魁财东与我是同乡，捎上我吧，不管你们去哪里都行。"

管事把乔贵发打量一番，说道："我们要过杀虎口，你能行吗？"

乔贵发拍拍胸脯说："我膀子有力气，能吃苦，早就准备好了。"

听乔贵发如此语气，管事又仔细打量了一下这个年轻人，只见他腰里别着把镰刀，肩上扛着一条扁担，身穿红主腰，腰上盘圈绳子，肩上还搭着条毛口袋。这是走西口老百姓最典型的打扮。镰刀是打短工帮人家割莜麦的工具，路上还可以防野兽；扁担的一头大都装着锋利的铁制尖头，打狗打狼防身，过黄河时不小心掉进冰窟窿还能用它撑起来；红主腰里藏着少得可怜的一点盘缠；毛口袋的作用就大啦，刮风下雨套在头上防雨保温，晚上露宿荒野就钻进口袋里睡觉。

管事的笑了笑："准备得还是那么回事，看样子你也费了点心思。不过，我还是得再声明一句，你能活着去，却没有人敢保证你能活着回来，真敢去吗？"

乔贵发毫不犹豫地说："敢！"

管事赞许地点头："有种！那来吧，不嫌苦，你就负责拉骆驼、搭骆驼房和喂牲口草料。这是驼队中最苦的差事，不过也能比一般伙计多赚一点，一年有个三四十两银子。"

乔贵发欣然同意，当天就随大盛魁的驼队出发，一路北行。十多天后出了雁门关，又数天后，才到了杀虎口。继续北行几日，驼队到归化城稍作停留，再向西而行。驮着绸缎与粮食的驼队走在阴山山麓，浩浩荡荡，一路要穿过崇山峻岭和重重险关，在茫茫戈壁和沙漠草原中，山贫水乏、人烟稀少，沿途常有野兽出没，匪盗横行。乔贵发第一次踏上险途，心中也十分忐忑。但是他已下定决心，既然想要出人头地，那就得用性命来赌一把。

山陕一带有句俗语"世上三种没奈何，打更、赶车、拉骆驼"，但乔贵发吃得了苦，肯学习，不仅学会了买卖常识、字号规矩、运货办法、运输线路等生意门路，还学蒙语、蒙俗，商队的掌事对于机灵又勤快的乔贵发很是喜欢，乔贵发只要打听，掌事的都知无不言。

一路上颠簸两个多月，乔贵发终于跟着商队走到了包头，他对这个热闹的城市充满了好奇，并幻想着将来也能在包头做点生意，活得像样子些。当然，这个想法得先放放，眼下最重要的是要尽量多攒点银子。乔贵发在驼队干了三年有余，黄土高坡肆虐的飞沙走石锻造了他铁打的臂膀，同时也练就了他柔韧的内心。在最恶劣的环境下，乔贵发养成了坚韧的品质，开阔了眼界，同时也积攒了不少的银子。

第二节　乔秦合作创业

乔贵发拉了几年骆驼，眼界宽了，见识也广了。但这几年的辛苦，让他觉得拉骆驼不是长久之计。看看那些老驼工的处境：身子一天不如一天，挣的钱也一天不如一天，还落下了一身的病痛。于是，乔贵发下定决心要另寻出路。

在走南闯北的颠簸中，乔贵发一直用心留意着适合自己创业的地方。那些日子，乔贵发所在的商队常到西部草原与蒙古人交易，路线是从归化城出发，走过土默特旗和乌拉特旗的牧场，然后翻越阴山谷道，进入茫茫草原。往返这段行程需要三四个月的时间，而乔贵发所在商队中途通常会在一个叫萨拉齐的小镇进行物资采购。

萨拉齐，位于土默特旗中部，此时周边牧场已被迁徙来此的汉人开发成肥沃良田，出产着大量的粮食。而它又是从归化城到西部草原的最后一个集镇，也是最后一处物资补给点，因此格外繁荣。小镇上有一条五里长街，汇聚着粮店、草料铺、杂货店、鞍鞯店、皮毛店，还有不少赌场和烟馆。集市上，驼铃叮当，人声鼎沸，热闹非凡。

往返数次之后，乔贵发相中了这个小镇，他有种直觉，这里将是他发家的地方。然而，他只做过商队的小伙计，真要自立门户顶起一摊买卖，心里实在没底。藏在隐秘处的那几块碎银子，是他省吃俭用积攒下的血汗钱，赚得起，赔不起。思来想去，他决定先找家店铺当学徒，暗暗摸索一些做生意的门道。主意打定，乔贵发结算了自己的工钱，离开了旅蒙商队，带上几年的积蓄，奔萨拉齐去了。

说来也巧，乔贵发刚到萨拉齐，就遇上了一个老乡——来自徐沟县大常村的秦肇庆。二人一见如故，相谈甚欢，得知乔贵发的打算后，秦肇庆便介绍他到一家吴姓的当铺当伙计。

乔贵发初来乍到，来当铺做伙计，一为混口饭吃，二为结交一些朋友，更大的意图则是摸索财路，寻找发财的时机。就这样，乔贵发时刻留意着当铺外面的市场与机遇，暗自摸索一些做生意的门道。或许，乔贵发真有经商的天赋与财运，不久之后，他惊喜地发现，萨拉齐气候寒冷，冬季时间长，蔬菜十分匮乏，整个镇上甚至见不到豆腐和豆芽。乔贵发心底怦怦狂跳，难道少年时在舅舅家学到的手艺，会成为自己发财的机遇？他经过一段时间的思考，选准了做豆腐、生豆芽的买卖。

乔贵发把自己的想法与老乡秦肇庆说了，秦肇庆也觉得这桩生意风险小，是个容易做起来的买卖。他不仅表示支持，还决定入伙，于是两人一拍即合。

辞工当晚，当铺的吴掌柜亲自下厨做了一桌子菜，很诚恳地对他说："你来我的店虽时间不长，但我看得出来，你为人忠厚，也是个有抱负、有主见之人。我虽给不了你啥意见，但今后咱就是哥俩，你出去闯闯，不行还回来，哥还在这等着你。"

一席话让乔贵发感慨万千，想到当初先是遇到商队心善的掌事，

第一章 乔家发迹自此来

如今又遇到开明友善的吴掌柜,自己何其幸运!这些人都是他生命中的贵人,他会永怀感恩之心。"大哥今天的话我一定记一辈子,谢谢大哥的收留照顾,将来兄弟一定回来回报大哥。"乔贵发说完端起桌上的酒一饮而尽。

辞工之后,乔贵发便把积蓄拿出来,与秦肇庆一起盘下了一家店面,把做豆腐的石磨立了起来,生豆芽的大缸也买了回来。乔贵发还特意花了十文铜钱,请街上的算命先生选了一个吉日,在铺子门口热热闹闹地放了一挂鞭炮,生意便开张了。

这独家买卖一上市,不仅抢手,而且也卖得出价钱,利润可观。一年下来,赚的钱就是他几年拉骆驼的好几倍!乔贵发喜出望外,他终于做起了赚钱的买卖。从此,他不再是穷汉,他成了买卖人,成了掌柜的。

可惜,好景不长,因为做豆腐简单易学,容易复制,不到半年,镇上又冒出了几家豆腐坊。毕竟跟着商队跑过几年,乔贵发明白一个道理,生意贵在人无我有,等到大家都竞争同一桩生意,钱就很难赚了。现在卖豆腐手里也攒了些钱,他决定换个行业试试。

很快,那些来来往往的商队吸引了乔贵发的目光,他想起最初走西口的路上,南来北往的商队很多,商队主要靠马和骆驼运输,一路上除了人的吃食,马和骆驼也需要吃。由于路途遥远,商旅每次出门都要自备草料。商队在包头中转时,大多会在当地农民手中补充些草料,农民手里的草料都是供给自家马和骆驼的,能出售的草料很少,而且农民的开价都很高,但商队又一天都不能没有草料,所以也不得不买。乔贵发从中看到了商机,他想,如果把农民手中的少量草料集中收购起来,再转手卖给商队,这样就能以合理的价格为商队提供足量的草料,农民也不会虚抬价格。

于是,乔贵发又与秦肇庆商议,决定离开萨拉齐,去西脑包发展。

之所以选择西脑包，一是因为这个地方离当地的官府治所很近，商人们在此地经商，都比较守规矩，利用官府的威严能减少一些人的恶意挑事；二是这个地方很荒凉，租用一大片土地也花不了多少钱，且此地背靠草原，当地的农民在此处有大片草场，自己收购草料也方便，还省去了运输费用，做草料生意前景光明；三是这个地方四通八达，是商队的必经之路，在这里卖草料必能吸引很多过往的商队。

来到西脑包，乔、秦二人以很便宜的价格，租用了一大片土地用于堆放草料，又开设了与旅蒙商队交易的草料铺，兼做蔬菜、豆腐、豆芽等杂货生意，专做旅蒙商人的买卖。几年的经商经历使乔贵发变得能说会道，加上他比当地农民的草料价格便宜，草料铺开张不久，便在包头一带赢得了价格公道、待客周全、草料质量上佳的好名声！他的生意越做越红火，成为当地有名的草料商人。

经过几年的打拼，乔贵发慢慢在包头站稳了脚跟，生意越做越大。他不仅是名震一方的草料商、豆腐商，还将生意扩展到粮食、布匹、蔬菜、皮毛、烟酒等赚钱的行业。

这时的乔贵发，已经不满足于店铺里的几分薄利了，他想再进一步。于是，他盯上了"买树梢"的生意。所谓"买树梢"，就是指在地里的庄稼刚刚长成苗时，商户就和农民签订收购协议，等到秋收后，无论行情如何，双方都须按协议上的价格成交。打个比方，春天树梢上只有绿叶和花朵，到秋天时树梢上能挂多少果子也很难确定，如果春天以一个预估价买了树梢，到秋天果子丰硕而繁多则大赚，果子干瘪而稀少则大赔。于是，人们便将这种买卖形象地称为"买树梢"。从商理来说，这种"买树梢"的买卖就是一种期货交易行为。

由于对粮价剧烈波动的担惊受怕，农民普遍有一种求稳的心理。而且春夏之际，往往需要大量购买种子、农具、牲畜，可他们这时手头拮据，急需银子，根据这两个特点，乔贵发发现了其中蕴含的商机。

第一章　乔家发迹自此来

在农民春耕夏耘、尚未秋收时，便给他们一个确定的粮价，让他们吃个定心丸；同时，按这个粮价和订购的粮食量付给他们部分银子，让他们拮据的手头宽裕起来；秋后不管市场粮价如何，都按这个价格和数量交割粮食。

对于农民来说，他们最期望的就是旱涝保收，乔贵发的做法，就是如果粮价不高，农民不会赔钱；如果价格翻倍，乔、秦二人就会赚钱；如果亏了，也不由农民承担。这是一种机遇和挑战并存的生意，开始，乔贵发在粮食丰收、粮价跌落的秋天，摸准行情，大量买进囤积，到第二年春季粮价上涨时再抛出。这一进一出，也就三五个月时间，却让他赚到了相当于做日常买卖一年的钱。

凡事利害相连，风险之中往往蕴含着巨额利润。要能把风险排除，获得里面的巨额利润，一要有大本钱，二要有大本事。有大本钱，才能在粮价跌落时大批买进；有大本事，眼光独到，消息灵通，才能预测到买进粮食后市场粮价的起伏状况。乔贵发此时已有了相当深厚的经商道行和眼光，他能预见风险，也能看到风险里面的巨额利润，同时他也积累了相当大的本钱。

前两次"买树梢"，乔贵发的运气不错，赚得盆满钵满，几乎抵得上离家后几年的所有收入。乔贵发由此又大展拳脚，在第三次"买树梢"时，押上了全部家产。可是这年风调雨顺，五谷丰登，粮价暴跌，乔贵发血本无归，遭遇了走西口以来的最大挫折。乔贵发心灰意冷，掐指算算，从离开村子到现在，十几年光阴流走了，自己虽然赚了些钱，但是距离衣锦还乡的美梦还是很遥远，至今连个家也没成。他越是这样想，就越发想念老家了，于是，他将西脑包的店铺全部托付给了合作伙伴秦肇庆，自己则骑着马向祁县老家而去。

乔贵发返家过雁门关的时候，听到一首走西口商队的凄楚歌谣："上一个黄花梁呀，两眼哇泪汪汪呀，先想我老婆，后想我的娘呀！"

想想当年的程金环,再想想早逝的父母,他心里一阵酸楚涌上来,思乡的情愫是那样浓烈。

乔贵发回家后的第一件事情就是给父母上坟扫墓。路上想到十几年来父母的坟上冷冷清清,他便有一种深深的愧疚之感,不免暗自伤心落泪。可当他找到父母的坟头时,却发现坟头上有近期烧纸进香的痕迹。当他上坟扫完墓回到自己那个破旧院子时,又吃了一惊:一个年轻的妇人住在他的屋子里。

乔贵发走近一瞧,这个妇人不是别人,正是程金环。当年,她在父亲的逼迫下嫁到邻村王家,但出嫁后不久丈夫就死了,婆家认为她克夫,就把她赶了出来,娘家也不愿收留她,程金环就住进了乔贵发的老屋。乔贵发见到程金环既惊讶又激动,原本他与程金环互相爱慕,只因程老头嫌贫爱富,程金环才被迫嫁与他人,乔贵发同情她的遭遇,也感谢她这么多年来替他上坟扫墓为父母尽孝,他决定依常礼正式迎娶她过门,二人也算是有情人终成眷属。

第三节 创立商号

乔贵发可谓家业两成,气运亨通,这让他很得意了一阵子。老家的人们称赞他、羡慕他,他也不知不觉得意起来。等他喝足玩够,在秦肇庆的一再催促下才重新离家赶去西脑包。

秦肇庆是个讲义气的人,他留在西脑包看守铺子。夏天在铺子边种些菜,冬天做些豆腐、生些豆芽,再招待一些零星的客商,草料铺也慢慢地恢复了元气。而乔贵发再回到西脑包,则是感慨万千:西脑包的市面热闹依旧,周边的铺子生意兴隆,红红火火,而他的铺子却相形见绌,一副冷冷清清的样子。那次"买树梢"遭遇粮价暴跌的灾难，人家只伤了皮肉，稍休养就可恢复，而自己的生意却伤到了根本，需要慢慢地恢复。乔贵发心中暗暗决定，要让铺子恢复往日的热闹。

乾隆二十年（1755年），各种粮食作物大丰收，随之而来的自然就是粮食价格大幅下跌，这是市场规律。在众多作物中，尤以黄豆的跌势最猛，已经跌破了底价。这一切都被乔贵发看在眼中，多年的经商活动给他带来了丰富的市场经验以及敏锐的商业眼光，乔贵发决定大量收购黄豆。理由在于，前一年黄豆跌破底价的行情势必会造成来年农民对黄豆的减种、弃种，如果自己手中有囤货的话，自然可以在高需求而低产量的市场中大赚一笔，同时，他还打听到一个重要消息，乾隆帝将出兵五万，平定厄鲁特准噶尔部达瓦齐的叛乱。这五万大军皆为骑兵，而黄豆是战马的绝佳饲料，必然会消耗巨大。这一次乔贵发赌对了，由于前一年黄豆价格的暴跌，第二年种黄豆的农户大量减少，且包头一带大旱，除了能引黄河灌溉的土地外，大片土地几乎绝收！加之上年军队征用，黄豆消耗殆尽，因此黄豆等粮价暴涨，乔、秦二人把囤积的黄豆趁机抛售，又狠狠赚了一笔，差不多有六百两银子！

乔贵发认识到，想发财还是得靠天时、地利、人和。黄豆生意的成功让他信心倍增，决心重整旗鼓，扩张生意。他和秦肇庆一商量，二人竟不约而同地想到一件大事——创立一家商号，这样才能名正言顺地竖立起自己的招牌，真正把生意做大。

乔贵发对秦肇庆说："秦兄，咱西脑包这个铺子当初开张时，我入了两千两银子，你入了一千两。后来我当大掌柜也给铺子赚了些钱，可是，我那次也栽了大跟头，我看，我的功和过差不多相抵了。你呢，整日辛辛苦苦、忙忙碌碌的，为铺子做了不少事，你既有苦劳，又有功劳，对铺子的贡献比我大呀！当初我走的时候，就想把这个铺子给你,可你不答应,现在我厚着脸皮回来了,我也就不再说给你了,但我想咱们应该重写一下万金账(股本账)。原来是我二你一,现在应改成对半分股,这一万两家底全算本金,你五千,我五千,以后的买卖,咱五五分账。"

"不行,不行!"秦肇庆说,"话不能这么说,当初主要还是靠你支起这个摊子来,还是你的功劳大,五五分账,不行,不行!"

"秦兄,你听我说,你做人做朋友够义气,我做人做朋友也不能不够义气呀!"乔贵发说。

两个人你一言我一语,谁也不想亏了对方,说来说去,总算商定妥了一个结果:重写万金账,一万两银子的本金,乔贵发占五千五百两,秦肇庆占四千五百两。这一推一让中,乔、秦二人互相更为敬重。二人经过认真盘算筹划,创立了"广盛公"商号,二人也结为把兄弟。

广盛公是一个综合性商号,以经营粮油为主,兼营客栈、货栈、皮革、药材、盐、粮油、日用杂品等。乔、秦二人的铺子靠着地理优势和经营优势,生意十分兴隆。

接着,乔贵发与其他几个商号的掌柜经过一番商议,达成了君子协议,以维护市场稳定。

其一,相互买卖粮食时,在交割期内成交的买卖合约可以相互转卖,只在标期才交割现银。

其二,成交后的粮食在标期交割,也可以延期交割,但从合约交割期算起,对延期交割的粮食,买方每月须向卖方抵减粮食保管费和耗损费千分之五。

其三,交割期由买卖双方协商,春夏秋冬四个标期任选,但最迟须在本年冬交割,不得拖延到次年标期。

其四,买卖合约,信用为本,如有违约失信者,群起而攻之,永不相与。

一时间,广盛公的粮行、钱柜在包头具有绝对的领导地位,其重信重义、互帮互助的理念,使其他商家心服口服,粮价或跌或涨,银钱兑多兑少,整个包头商界唯广盛公马首是瞻!

第四节 改组复盛公

广盛公的买卖步入稳步快速发展时期,经商经验、资本积累、优越的地理位置,都使他们的买卖越做越好。在生意兴隆、财运亨通的情况下,他们聘请了大掌柜,也增加了许多分管事务的小掌柜,而下半生想图个清闲的秦肇庆看到这形势一片大好,却做了个急流勇退的决定,他准备离开生意场,体面地告老还乡。

对于老伙计的想法,乔贵发自然支持。他虽然不肯轻易放手这苦心经营的生意,但还是对秦肇庆要过的日子有些向往和羡慕。

秦肇庆从广盛公撤股后,乔贵发的资金压力剧增,又因为自己几次"买树梢"的失误,欠下了不少款项。此时包头河西岸一带,正在逐渐形成一个大的商业中心,而西脑包成了包头的外围边沿地带,显得冷清了许多。于是乔贵发决定把铺子转移到繁华的地带,聘请掌柜,扩大经营范围。

之后,乔贵发将"广盛公"改组为"复盛公",在包头开设各种分店,扎扎实实从小生意做起,不再盲目冒险、贪大贪快。不久,包头西郊靠近大路的地方,乔贵发的商铺正式开张了。两串鞭炮刚刚响过,一位农夫装扮的年轻人便踏着满地碎红走了进来,几番东挑西拣,最终选定了几把镰刀,于是开口向店主人询价。没想到,乔贵发直接把价钱报得非常实在,完全没有漫天要价,年轻人也就没有必要讨价还价了。

然而，这太不符合老包头的商业规矩了，有点儿让人无法适应，这青年一时间有些发愣，不禁问道："掌柜的可是报错价格了？"

乔贵发怎会不知道周边情况呢，他似乎看出了来者的顾虑，便说道："做买卖，什么时候买的也没有卖的精，再会讨价，最后还得让卖家撇了浮油。我们店面虽小，生意却实在。赚钱，靠的是薄利多销。这几把镰刀你拿回去用，同样价格的东西，若我复盛公的不如别家好用，我可退钱给你，若同样好使，却比别家贵了，我也退钱给你。"顾客愣了一下，又拿起货物仔细察看了一番，再瞅瞅笑眯眯的掌柜，稍稍迟疑之后，放下半串铜钱，转身出了店门。

没有讨价还价，乔贵发做成了在包头的第一笔生意，又躬身将顾客送出店外。身旁，那株古老的榆树抖落几片象征财富的"榆钱"，飘在他身上，也飘到了他的心上。随着生意越做越大，乔贵发又开设了酒厂、药店、皮革店等多家分店。经过这一段时间的恢复，乔贵发发现那些看起来小的买卖、小的东西也不能小看，大有大的好处，小有小的好处。大事业由小事情而来，也由小事情辅助。如果不做好小事情，难以成大气候；如果没有小事情的辅助，大事业也难以久远。

三年后，在乔贵发的精心经营下，"复盛公"不但还清了"广盛公"的欠款，而且生意更加兴隆，这已经是嘉庆年间的事了。乔贵发决定将"复盛公"红利的一半拿出来，根据大小掌柜们的地位、资格和贡献分红。这极大地激发了大小掌柜的积极性，他们人人争先，个个卖力，把"复盛公"经营得红红火火，使"复盛公"在包头称雄一方，商誉卓著。

经过多年苦心经营，"复盛公"成为包头最大的商号，后来又在包头城内开设数家分店，大小掌柜、伙计有四五百名，是包头城开办最早、实力最为雄厚的商号。频繁的商贸往来使包头由塞外村庄发展为大城市。

乔贵发经过一番大起大落之后，心性已经磨炼得十分成熟，他屡屡出奇制胜，留下了许多佳话。

第二章

天资聪颖性清高

第一节 亮儿的童年

大约在乾隆三十年（1765年）底，乔贵发从包头返回祁县过年时，同时在祁县县城开设了一家商铺。

这时候乔贵发的三个儿子都已长大成人，主持乔家事务的乔家老二乔全义便有了分家的想法：一来，这个老四合院已经住不下越来越多的家人了，"复盛公"财源滚滚，乔家自然有经济实力再建几处宅子；二来，幼弟乔全美已成家，也需要单立门户了。再说，同辈人主持家政，日久天长难免有闲话，闹得兄弟不睦，倒不如趁父亲健在，主持分家事宜。

于是，三兄弟协商一番，又征得乔贵发的同意，开始建房分家。乔全义先给老大乔全德在村中心地带买了一块地皮（即今乔家大院中的西面老院），建了一所二进连套大院。给老三乔全美也在村中心地带买了一块地皮（今乔家大院东北），也建了一所二进连套的大院。然后他把位于村北边的老院留给自己，在此基础上扩建。

老三乔全美娶妻之后，除了起建楼院，又重新翻修了东面的老宅，成为偏院。乔家三兄弟各自有了像样的宅院，也该有个像样的堂名。于是，老大乔全德给宅院取名"德兴堂"，联系"德"字；老二乔全义给宅院取名"宁守堂"，联系"义"字，为"守义"之意；老三乔全美给宅院取名"在中堂"，联系"美"字，即"美在其中"之意。至此，乔氏一枝花开三朵，各自立家。

乔贵发把在祁县新开的商铺取名为"德兴公"，显然是为老大乔全德开设的。但乔全德自年少起就一直帮母亲程金环种地，从未接触过生意，根本管理不了"德兴公"，于是，乔贵发请了一个掌柜来帮忙打理，乔全德只吃红利。

乾隆五十五年（1790年），乔贵发去世，老三乔全美因精明能干，继承了父业，主持家族生意，包括包头的"复盛公"及分号和县城的"德兴公"，老大老二两堂持股分红。

乔全美主持家族生意之初，就已与妻子米氏生有一子，取名致广。乔全美秉承父亲遗训，一心想把儿子培养成一个儒士，进入仕途，提升家族地位。乔致广不负父望，读书非常刻苦，又聪明有悟性，十四五岁就考中了秀才。

接管家族事业之后，乔全美将全部精力都花在了生意上，生意也是越做越红火，在父亲创办的"复盛公"和"德兴公"下增设粮油行、茶铺、绸缎铺、杂货铺等分店。乔全美因长期在外跑生意，对妻儿的照顾很少，而米氏的身体状况不佳，还没等到乔致广参加乡试，就因病去世了。乔全美既哀伤又自责，想到乔家家大业大，在他这一支脉上，不能独子单传，于是，他娶了吕氏为继室。但吕氏的命运更惨，怀胎十月因难产而死，一尸两命。乔全美更感绝望恐惧，不敢再娶。他急急忙忙给十七岁的儿子乔致广说了门亲事，是董家的独女，这年年底，乔致广就迎娶董氏过门了。

乔全美本来是指望致广和董氏多多生儿育女的，可他们已商量好，若致广不中举人（科考乡试中举，取得入仕为官的资格），就不谈育子之事。乔致广见父亲一脸失望，便劝父亲再纳继室。乔全美思虑再三，最终续娶赵氏为妻，赵氏当年就顺利怀孕。

乔全美依然在外忙生意，赵氏怀孕后多亏儿媳董氏每天侍候在旁，孕期得以平安度过，第二年，也就是清嘉庆二十三年（1818年）正月，赵氏即将生产，而乔全美仍远在包头。赵氏与儿媳董氏商议了一下，便让乔致广去包头，把乔全美替换回来。

正月下旬，立春已过，但北方依然天寒地冻，又赶上了一场沙尘暴，寒风裹挟着黄沙吹来，天昏地暗，大白天室中燃烛才能看见。乔全美从包头骑马出发，经过十多天路程，到家时已是满身黄沙，正赶上妻子赵氏临盆。乔全美来不及清洗，去看望了妻子赵氏，让下人去请稳婆，让儿媳董氏等人准备接产所需的各种物品，让厨房备好补汤美食。

安排好一切后，乔全美才发现自己灰头土脸，狼狈不堪。他让丫鬟打来热水，草草洗了一下，便坐靠在一边睡着了。十多天的奔波把他累坏了，他很快就进入了梦乡。朦胧间，他见一轮火球从天上落到他家的院子里，顿时，火光四射，整个院子红亮到他睁不开眼睛，吓得他赶紧叫喊："着火了！着火了！"他猛然间惊醒，吓得出了一身冷汗。

乔全美定了定神，望向窗外，就见一轮红日初升，外面已经风停沙落，天地间亮堂堂，万物表面似有一层金辉。内房还没有消息传来，乔全美有些焦急和担忧，便去了书房，想翻翻书，平息情绪。可整整一个上午，他拿着书本一个字也没看进去，也没胃口吃午饭。直到下午申时，稳婆来到了书房，向乔全美报喜说："恭喜乔老爷，奶奶生了个虎头虎脑的大胖小子，这孩子天庭饱满，脑门儿阔而亮，将来一定会大富大贵。"

乔全美只听清了"大胖小子"几个字，其他恭维的话一个字也没

第二章 天资聪颖性清高

听进去。产房刚收拾干净，兴奋的乔全美就跑了进去，见妻子赵氏脸色苍白，略带苦涩地微笑着。再看她身边的婴儿，正好看见一丝亮光洒在孩子脸上，额头也映衬出亮光。乔全美脑中一个念头闪过："昨日沙尘暴遮天蔽日，今儿却天明气爽，莫非就应验在了孩子身上？这天眼亮、脑门儿亮，可是大吉之兆？"他突然想到昨夜的梦，又怀着对儿子的寄托，便给儿子取小名为"亮儿"（乔致庸乳名），寓"光大门庭"之意。

可以想到，这个名为亮儿的男婴，从出生起，就成为乔全美一家甚至整个乔氏家族的宝贝疙瘩，娇惯得不得了。而且亮儿的姥爷，赵氏的娘家也是富甲一乡的小地主，对亮儿也是格外宠爱。但赵氏生下亮儿后，缺乏奶水，尽管她吃了不少补品也无济于事。因此，乔全美从村里请来了奶妈孙氏。嫂嫂董氏对亮儿也特别疼爱，对这个弟弟（小叔子）的照顾比他生母赵氏还殷勤细致。

亮儿满月这天，乔家免不了又是一番热闹。满月酒除了嫡亲之外，所有有人情往来的亲朋好友、左右邻舍全都来祝贺。在酒席上，乔全美正式宣布，给亮儿取名为"致庸"。"庸"字，取儒家"中庸"之意，人生不偏不倚，不改变自己的目标和主张，这就是一个持之以恒的成功之道；再加上乔家这一辈人是"致"字辈，合起来便是"致庸"，寓意"得儒家中庸之道以立身持家"。这是儒家学说的人生大道，乔全美希望儿子做个高尚的儒士。乔致庸是乔氏三堂中"致"字辈最小的一个。

给儿子办完了满月酒，乔全美就不能在家里待了，他的生意大部分在包头，作为大东家，十多家商铺都需要他去主持。此一去山高路远，何日能再回家一趟犹未可知。临别时，他叮嘱妻子赵氏说："祖上有德，让我又添一子，身为丈夫，我本该留下来照顾你，但是你也知道，我不仅是你的丈夫，致广、致庸的爹，还是乔家当家的，只能委屈你了。

你好好调养身子,不要太劳累,小子多让儿媳和下人照顾,不行就再雇几个老妈子。"然后,他回头对儿媳董氏说:"今后,你这长嫂要多担些事情,致广回来后,你要多协助他,让他抓紧时间读书,不要让他分心误了乡试。总之,这个家就托付给你们了。"

董氏见公公神情肃然,也郑重点头应承下来。

乔全美返回包头后,顾不得路途劳顿,立刻开始处理自己离开期间积攒下来的事务和账目。乔致广回到老家后,也按照父亲的嘱咐,开始读书备考。

这一年,很多地方遭遇旱虫双灾,包头粮价暴涨,许多粮商囤粮不售,甚至从"复盛公"各店"挖"粮。"复盛公"作为粮商翘楚,它的售粮政策,影响着包头及周边的粮价。虽然是个发横财的机会,但仁厚的乔全美认为粮价如此暴涨并不是个好事,于是召集周边的粮商来共议对策。多数商家认为,粮价丰年跌、歉年涨,这是市场规律决定的,谁都不能改变,而商人只要随行就市地售粮,也没有人能说什么。但是,乔全美认为,若按行市售粮,再稍作哄抬,高昂的粮价让平民百姓买不起,势必有人因此饿死,也会有不少百姓弃农逃荒,粮食市场也必将崩溃。作为粮商,不能只想着赚暴富的钱,而不顾以后的事,对百姓也要有些责任感,对得起良心。所以他希望各粮商可以开仓平价售粮,共同度过荒年。

可是,商人们怎么会错过这种敛财的机会呢?响应他的粮商寥寥无几,包头的粮价仍在上涨。乔全美既气愤又无奈,只好自己带头开仓平价售粮,默默承受损失。他身子本来就孱弱,回包头后,长时间没有好好休息,此时他开始体力不支,精神欠佳。在中秋节这天,他多喝了几杯酒,竟当场口吐鲜血,随后便卧病不起。"复盛公"各分号掌柜来拜访他时,才发现他的病情越来越重,便抽出一些得力人手,把他护送回祁县老家休养。

第二章　天资聪颖性清高

整整一个冬天，乔全美不知看过多少个郎中，吃了多少服药，但病情没有丝毫好转。有一天，他突然变得很精神，让致广扶他坐起来，又让人把幼子致庸抱来，让他好好看看。下人把孩子抱来递给他，可致庸一见这个面容憔悴、双目无神的陌生老头儿，立马吓得哇哇大哭起来。乔全美无奈地摇摇头，只得让人把致庸抱走。

儿子被抱走后，乔全美忽然猛烈咳嗽几声，吐出一大口鲜血。乔致广进房来，就见父亲的脑袋无力地耷拉着，已进入弥留状态。赵氏、董氏闻讯，都忙跑过来，又急忙找来了郎中，终究无力回天，乔全美不一会就没了气息。顿时，屋里哭声一片。赵氏没哭几声便昏厥过去。

乔致庸不满周岁，乔全美便撒手人寰。长子致广忙着安排后事，先派人请了几个同宗兄弟来帮忙，又派人给本家亲戚、乡邻友人等送讣告，请阴阳先生来写殃榜、告庙烧香……三日后，乔全美盛殓入葬。赵氏因悲痛过度，瘫软在床。董氏为了更好地侍奉婆婆、照顾年幼的乔致庸，索性搬进赵氏房中，与她一起住。

乔致广原本是要参加这年的乡试的，因丁忧守制，他不得不放弃。虽然此时生意暂由二叔乔全义打理，但乔全美是复盛公的第一大股东，乔致广必须顶替父亲去照料、接管乔家在包头的生意，中举人怕是今生与他无缘了，这令乔致广心中有一种说不出的苦痛和遗憾。

乔全美去世后，赵氏整日以泪洗面，不思饮食，夜不能寐，身子越来越消瘦，精神状态也极差。眼见自己的病一日重似一日，赵氏渐感绝望。她让董氏把乔致广唤来身边，哀哀地对他说："我怕是也要随你父亲而去了，也好，我总算可以解脱了。只是亮儿年幼，就只有托付给你们了。一定要让他做个正直之人，多读圣贤书，考取功名，不负乔家先祖夙望。"顿了顿，她接着说："只是可惜了你啊，真是天命难违。"

董氏听了，哭着劝慰婆婆，请她不要太过操心，安心养病，一切肯定会好起来的。致广也劝说:"母亲只管静心疗病,熬过了这个寒冬,母亲的病就会有转机的。抚养亮儿,是我应尽之责。长兄如父,我定会像父亲一样疼他、照顾他,让他好好读书,光宗耀祖。"

赵氏闻言,点了点头,轻拭眼泪,缓缓闭上了眼睛。

转眼立春,天气渐渐暖和起来,但赵氏越来越怕冷。就在这一天,赵氏突发寒战,浑身发抖。董氏给她盖上三床被子,赵氏还是直打战。董氏又给她端来姜汤,唤来两个丫鬟帮忙把姜汤灌到赵氏嘴里,可是,赵氏牙关紧咬,汤水怎么也灌不进去。董氏忙派人把郎中请来,待郎中赶到,赵氏已没有了气息。

赵氏在丈夫乔全美病逝后不到两个月,就随之而去了,幼小的乔致庸对父母的死,无所谓悲伤,也没留下多少记忆,仍是嫂嫂董氏照顾他的日常起居。乔致庸就这样慢慢地长大了。

董氏虽然疼爱乔致庸,却对他从不偏溺,家中虽然富有,但也一直对他严格管束。她让乔致庸练毛笔字,像其他乔家子弟一样,临摹颜体。给他选定了《增广贤文》《声律启蒙》《幼学琼林》等启蒙书籍令他每日习读,这是乔致庸最早接受的教育。

本来乔氏家族有个家塾,乔氏子弟都入家塾学习,但乔致庸在乔氏"致"字辈叔伯兄弟中的年纪是最小的,其他人都比他大至少八岁,所以无法让他与那些兄弟们在一起读书。兄长乔致广和大嫂董氏便成为他的启蒙老师,除了让他熟读启蒙书籍外,还给他诵读《诗经》、唐诗等,以培养他的语感和兴趣。乔致庸很聪明,一教就会,尽管有些词句他不理解,但照样背诵得滚瓜烂熟。不知不觉,乔致庸长到了七岁,俨然一副小儒士的样子。

乔致庸虽然很爱读书,但成长的过程很孤单,在乔氏家族中没有什么玩伴,只与乳母孙氏的两个闺女比较亲近。另外,虽然生母赵氏已亡故,但他与姥爷、舅舅家往来得比较频繁。乔致广与董氏每逢大

第二章　天资聪颖性清高

小节日，都会带乔致庸到他的两个舅舅家走动。大舅家有两男两女，大儿子已上县学了，与乔致庸少有见面；二儿子比乔致庸小一岁，是他很好的玩伴之一。大女叫玉琴，已十二岁；次女叫玉琪，十岁。二舅也有两女，大的叫玉媛，十岁；次女叫玉璞，与亮儿同岁。二舅的隔壁还有一户陈姓人家也有一女，八岁，叫丑女。丑女之名只因她生于丁丑年，但人长得非常漂亮，明眸皓齿，弯弯柳月眉，樱桃小口，嘴角微微上翘，总是一副巧笑盼兮的模样，让人容易亲近。乔致庸去舅舅家的次数多了，就与这些同龄人混熟了。

有一次，二舅跟乔致庸开玩笑说："亮儿，想不想让玉璞给你做媳妇呀？"

乔致庸却毫不犹豫地说："我不要！我要娶丑女！"大人们顿时哄堂大笑。按当地习俗，娶亲舅家的表妹是允许的，他却想娶一个"前辈"，不过，乔致庸还真是有眼光，这丑女确实招人喜欢。乔致庸每次离开舅舅家都依依不舍，因为他很喜欢这种自由自在的快乐时光，而回到自家后，却只能独自一人闭门读书了。

孩童的时光一闪而过，转眼乔致庸便十二岁了。按习俗，大人们将为他举行"开锁礼"，又称"圆锁"，这是一种成年仪式，也称十二岁的"大生日"。这个仪式，在当地的重要程度甚至不亚于结婚生子。亲朋好友和许多同村人来到乔家贺喜，十分热闹。可是，乔致庸发现他儿时的朋友们都没有来。他向人打听方知，玉琴已经出嫁了，玉媛、玉琪也都说了婆家，转年就将出嫁，不便露面。乔致庸听了，心里好一阵难过。一转眼，许多人、许多事就全变了。他不好询问玉璞、丑女的消息，心里充满失落、空虚感。

他没有想到，这开锁礼不仅没给他带来快乐，反令他徒添烦恼。童年时光就此结束，他只能在不太清晰的回忆里找些慰藉了。

第二节　善学多思

乔致庸在行"开锁礼"之后，就正式转入乔家家塾去读书了。虽说是家塾，其他外姓子弟也可入学。家塾只有十几名学生，但年龄不同，之前所学课程各不相同，学习成绩也无统一的衡量标准。而且，能上私塾的大多是富家子、纨绔子，对读书兴趣不大。凡此种种，让塾师很是头疼。俗话说"家有三斗粮，不做孩子王"，塾师大多是屡试不第、年事已高却又谋生置产无力的老秀才，他们只是照本宣科、混日撞钟以为生计。能不能出个把人才，还得看这班学生中有没有既聪明、又爱读书、肯吃苦的人。

乔家塾师是从临县聘请来的一位老秀才，姓胡，已在各地辗转教学三十年，不仅有丰富的教学经验，而且尽职尽责、尽心尽力。在他教授的学生中出过不少举人进士，可谓声望卓著。乔致庸虽是入本族学塾，却也需要通过入塾测试。胡夫子看过他的试卷，甚为惊讶。他认为，以乔致庸的见识，可直接入县学（须考经、史、时务、八股文、试贴诗五门）。他对乔致广说："我为人师三十余年，学生中第者不在少数，而令弟这般的却从未得见。我觉他将来绝非等闲之辈，今日老夫想送令弟一个雅号，不知尊驾以为如何？"

乔致广说："先生过誉了。先生肯赐雅号，哪有不受之理，不知先生所赐何名？"

胡夫子想了想说："潜龙终非池中之物，就叫他晓池如何？"

乔致广忙令乔致庸谢过塾师。从此，乔致庸开始使用大名"致庸"和他的字仲登，并拥有了雅号"晓池"。

乔致庸聪敏，读书作文都很有天赋，他的思维能力、想象力和记

第二章 天资聪颖性清高

忆力也都超出常人。他虽然自小爱读书，但从不拘泥于书中的文字和条框。他三岁启蒙识字写字，十岁开始读史书、文学名著，十一岁开始读《资治通鉴》。他采取了"自督读书"的措施：首先，他给自己规定每天必须读完的卷数；其次，他规定自己每天读完后要把所读的书抄写一遍。他读《资治通鉴》这种具有警醒意义的经典时，还要做笔记，写下心得体会。两年时间，他就读完了许多名著名篇，并且深得其意。

但是，乔致庸读书越多，对塾师讲解的内容的疑惑就越多。而胡夫子年纪越来越大，授课越来越啰嗦，他浅显的讲解已经满足不了乔致庸的求知欲了。从经典古籍中，乔致庸觉得历史太残酷了，无非是帝王家你争我夺，而老百姓永远过不上好日子。有一天他去请教胡夫子"重己"和"兼爱"的含义，希望能得到满意的解答。胡夫子一听十分惊讶，问乔致庸："你从哪里知道这些的？这些学说与儒家学说背道而驰，思考过多，反而会影响你的功名之路。千万不可相信这类异端邪说，应以读圣人书为首要。"

乔致庸回答说："可我觉得读书就是要明白道理，才能在这世上立足。很多人只为考取功名而读书，花费了大半生的时间却一无所获。如果是这样，即便考取了功名又怎样？空有一肚子之乎者也，即便当了官也做不出什么成就来，岂不是把书白读了？不如多明事理……"

乔致庸还未说完，胡夫子就大发雷霆："越说越不像话，简直一派胡言！功名本就是对学识程度的认定，考不中，便说明才学不佳，就是没资格入仕途，即便再富有，终不入流。所谓'万般皆下品，唯有读书高'，你当谨记。"

乔致庸见胡夫子发怒，不敢再继续提问，但心里仍在想，为什么考取功名便是光宗耀祖呢？如果靠读死书获得官职，他们所学的东西也不能为天下百姓办事，他们大多只想如何把多年辛苦的付出补回来，或者怎样耍官威，必定贪腐成性、为害一方……难道这就是儒家的最高追求吗？想到这里，乔致庸对功名的向往淡薄了许多，只是年幼的他仍然想不通，只低声咕囔一句："为博取功名而治学，一定行不通。"

此后，乔致庸又几次给胡夫子出难题，并提出了一些在胡夫子看来十分荒唐的说法。胡夫子为师一生，觉得学生对自己的这种质疑是难以接受的，于是向乔家递了辞呈。

胡夫子辞教后，乔家学塾又聘请了一位举人范先生来任塾师。范先生比较开明，但教授的内容仍是科考的内容。如此一来，乔致庸对科举内容之外的书籍更感兴趣了，私下经常找些艰涩或有趣的杂书来读，诸如《周易》《山海经》《聊斋志异》等。他听人说有一本笑话书《谑浪》很有趣，便四处打听寻找这本书，可祁县根本没有。后来，听说太原府学宫图书馆有，就急急忙忙赶往太原。但是，府学宫图书馆只有孤本，并不外借，他就决定把书抄回来读。时值冬日，他顶着狂风，冒着大雪，一连十几天都到图书馆里去抄书，一部十多万字的书，终于被他抄录到手。

乔致庸的书房后有一个花园，他经常在这里摆上一张桌子练字，他以柳公权练字的故事自勉，写了一幅字放在案头："写尽八缸水，砚染涝池黑；博取百家长，始得龙凤飞。"

乔致庸明白，所谓字如其人，写得一手好字会终身受益，而写好字的秘诀无非是勤学多练，要有铁杵磨成针的耐性，他戒骄戒躁，找来诸多大家的字帖临摹，发奋练字。

乔致庸虽然不喜欢读无用之书，但他的学业一点没落下，相反，与科考相关的内容他记得很牢，成绩也一直十分优秀，远超那些读死书的学生。他常拍着自己的肚子说："只要这里面装着实实在在的东西，什么考试都不可怕。"十六岁时，乔致庸便考中了秀才。

不过，乔致庸的理想是习经世致用之学问，做一个真正有用的人，而不在乎有没有功名。大哥乔致广也没办法说服他，只得给他定了个目标：至少考个举人（入仕为官的初级资格），光耀乔家门庭。在那个时代，商人地位很低，所谓士、农、工、商，商是排在末位的，是饱受社会蔑视和排挤的。无法考取功名，是乔致广一生的遗憾。为了让家族再进一步，也为了对得起父亲的叮嘱，乔致广把这个希望寄托在了乔致庸身上。

但是也许是受家族环境的影响，乔致庸深知商人、商业于国于民的重要意义，所以他对"士"要优于"商"的说法嗤之以鼻。他想要告诉世人，商人不只是被贴上"唯利是图"标签的那一类人，商业也不应该被视为一种不入流的、投机取巧的行为。他是这样想的，也是这样做的。

第三节　儒学与商道

时光匆匆，多年过去，当年那个亮儿已经长成了大小伙子，他的性格变得越发豪放，言谈举止不拘小节，甚至有些张狂散漫，完全没有儒士的温文尔雅。大嫂董氏担心他在外结交不三不四的朋友，误入歧途，想帮他收收心，于是准备给他说门亲事。

其实，乔致庸在儿时就认定了丑女做他的媳妇，虽然只是童言无忌，但在他的记忆中，留下了不可磨灭的印记。当听说大嫂要为他说亲时，他首先便想到了丑女。那个女孩的笑颜总是浮现在他眼前。他派人打听丑女的消息后，才知道丑女早就出嫁了，而且她所嫁非人，男方是个浪荡公子，丑女整日以泪洗面，悲怆度日，毫无幸福可言。没几年，她便香消玉殒了。

在大嫂的极力操办下，刚满十七岁的乔致庸迎娶了县城官宦人家女子马氏为妻。这次联姻，可谓"权"与"钱"的结合，而乔致庸与马氏素未谋面，显然不存在什么感情基础。不过，婚礼倒是办得很风光热闹，宾朋满座，仪式隆重，惊动了周边地界的官商两界。

入了洞房，乔致庸揭去新娘的盖头，才发现新娘子是个美人儿，眉清目秀，温文尔雅，果然是大家闺秀。在日后的相处中，乔致庸发现，马氏不仅能跟着嫂嫂操持家务，而且知书达理，学识匪浅，这让乔致庸十分满意。从此，一贯洒脱无羁的乔致庸有了牵绊，性子自然也变得内敛沉稳起来。马氏也常陪着丈夫读书到深夜。马氏家族数代为官，她自然比乔致庸更懂得读书做官的好处，因此，乔致庸身边又多了一位读书监督官。

乔致庸婚后第三年，喜得长子，取名岱儿（景岱）。转年秋天，好事连连的乔致庸信心满满地去太原参加己亥科乡试。

清代的乡试每三年一科，分为三场，每场三天两夜的时间，其间不得外出，每场结束后才能回到住处休息一晚，第二日再回到考场，也就是说，要在考场中度过九天六夜。考场称贡院，通过了贡院考试的生员即为举人。新科举人第一名称解元，第二名称亚元，第三、四、五名称经魁，第六名称亚魁，其余称文魁，均由朝廷颁给二十两牌坊银和顶戴、衣帽、匾额。匾额悬挂住宅大门之上，门前可以竖立牌坊或插旗子，这就是所谓光耀门楣。乔家三堂中，德兴、宁守两堂已有五人考中了举人，唯有在中堂还无人中举，所以乔致广很心急，寄希望于小弟能考中。

乔致庸第一次参加乡试，略感紧张又有些好奇，开考前十天便来贡院参观了一番，熟悉熟悉环境。贡院门外，有东西两座辕门，大门后为龙门，进了龙门为至公堂，左右为东西点名厅，又有东西大栅坊，分别为"明经取士"和"为国求贤"。龙门到至公堂中间为明远楼，供监临官等登楼巡视考场，稽查考务，防止考生作弊。看完后，乔致

第二章 天资聪颖性清高

庸感叹一声：原来这就是龙门啊！我看要跳过这龙门也没有人们所说的那么难！

几天后，考试开始。第一场考经史，乔致庸答卷很轻松，时间还未过半，就交卷出了考场。可就在他洋洋自得跨出大门时，忽见车夫三儿、小五两人着急地向他招手呼喊。乔致庸忙过去询问，小五说："大东家患了疟疾，病得很重，都下不了床了。大奶奶很着急，但她不许我们告诉你，是二奶奶命我俩来的。"

乔致庸一听，二话没说，当天便不顾夜黑，从太原赶回老家。乔致广见乔致庸突然从考场回来了，既惊讶又生气。他强支起身子，对弟弟这一不智之举大加责骂。乔致庸跪在兄长床前，幽幽地说："听闻兄长重病，小弟心急如焚，已无心再入考场，所以匆匆赶回来侍奉。"乔致广气得浑身直抖，怒道："我不过生了一点小病，还死不了，你何苦耽误一生大事！"乔致庸哭着说："大哥大嫂待我如亲子，这份恩情，亮儿这辈子都还不清，如果只顾我自己考功名，耽误了大哥的病，即使考中了，又有何脸面活在人世？"董氏知道致庸说的是心里话，既心疼又为他感到遗憾，轻抚乔致广的脸颊说："你别责怪亮儿了，他确实是一片真心。若考试也惦记你的病情，又如何考得好？再说，他这么年轻，往后有的是机会，只望他不要忘了先辈的遗愿。"

往后一个多月，乔致广经过医生的精心治疗，以及董氏、马氏和乔致庸的细心照料，疾病渐渐痊愈。耽误了近两个月时间，乔致广着急去包头帮助正在代管生意的二伯乔全义（他依然是乔家总管），乔致庸不放心，也要跟去。此时，马氏又有了身孕，乔致广让他留在家里照顾自己的媳妇，可乔致庸坚决要去，乔致广拗不过他，只得让他同行。

这是乔致庸第一次出关，塞外风光让他惊讶感慨，塞外的环境也让他体验了一番走西口的艰辛。到达包头后，以他逍遥客的性格，每天骑马在野外游逛，几乎不待在店子里，乔致广也没指望他能帮上什么忙。脱离了妻子的约束，乔致庸豪放的一面充分展现出来，他常与前来的客人们攀谈，也常与店里的伙计们聊天。偶尔，他会让伙计陪他到集市上游逛，购买一些他根本不需要的小物件，顺便就在外面的小酒店与小伙计一起吃顿便饭，并送给他们小物件，搞得小伙计受宠若惊。各店铺的掌柜对这位二少的行为很不解，因为，凡是来关外的人，吃苦受累都是为了生意或生计，没有谁如他这般像来旅游似的。大家只认为二少行为乖张，也不好多说闲话。就这样乔致庸在包头闲住了大半个月，准备起身回祁县时，他才正儿八经对乔致广说："大哥，我有很多话想跟你细谈，不知你能不能抽出空？"

乔致广说："什么大事，看你如此严肃，说来听听。"

乔致庸很认真地说："过去我一点都不关心咱家的生意，甚至还很讨厌做生意，也看不惯生意人那一套，为了一点利益，挖空心思，相互算计。这次来关外，本只是担心大哥身体，但这半月来的所见所闻，让我知道了，这生意经里面还真有大学问，这才是经世致用之学。"

乔致广笑笑，说道："小弟这些天从未过问生意之事，怎么突然就让你的观点改变了呢？有史以来，商人的地位都不高，没有听说过哪个商人被世人赞誉，也没见哪个商人被官府封赏。你了解一些经商门道、常识倒是可以，但还是要以科考为主，不要舍本逐末，耽搁了你一生。"

乔致庸说："大哥此言差矣。且不说商事在民生中的重要作用，仅说古贤中从事过商事的人物，就有大儒士端木赐，越国大将军范蠡，就连辞赋家司马相如也做过生意。他们并不以商事为耻，相反，还留下不少利于后世的商经商则。如果他们也是末等，那什么样的人才算是上流呢？"

乔致广觉得一时半会很难说服他，只得顺着他的意思点头表示赞同,然后问:"难道你对生意之事有了兴趣?这也是好事啊。"

没想到,乔致庸摇摇头说:"大哥误会了。我只是说商人应该受尊重,不该被列为下等,人们也应该认识到商业对国计民生的重要意义,小弟对经商并没有兴趣。"

第二天一早,乔家两兄弟打道回祁县老家。乔致广坐马车,而乔致庸骑马,一路上不急不缓。在途中,每遇到关口险要处,乔致庸都要下马观看一番。只这一次往返,他就把这条商路记得差不多了。

回到祁县老家后,接连发生两件大事。一是主持乔家家务和县城生意的二伯乔全义病逝了,乔致广不仅接手了乔家的生意,还要主持乔家家务。乔致广虽在商场上已历练了几年,但一时间还是难以担此重任,他只得聘请了董氏的一个表亲曹某来做乔家的管家,并兼管县城的生意,他自己则主要负责包头"复盛公"及各分店。这样,乔致广往包头跑得更勤了,待在祁县老家的日子也越来越少。

二是乔致庸的妻子马氏又产一子,取名"景仪"。新生儿洗三、满月都很热闹,乔致庸又忙了一个多月。这样,前前后后加起来,半年的时光就溜走了,也耽误了读书,他得抓紧把功课补起来。

乔致庸的长子岱儿已经两岁多了,由于大嫂董氏待他视如己出,孩子也整天缠着董氏。董氏自己没有孩子,乔致广出门后,她就显得更加孤单。乔致庸看在眼里,心中有些不是滋味。于是,他与妻子马氏商议,把长子岱儿过继给兄嫂。马氏知道丈夫是嫂子一手带大的,与嫂子感情深厚,而大家都生活在这一个院子,大嫂的慈爱贤惠她自然知道,因此她毫不犹豫就同意了过继之事。是年底,待乔致广回家时,乔致庸邀乔家长辈作证,举办了一个郑重而热闹的过继仪式。

几年之后,乔致广为了扩大"复盛公"规模,联络了几个志同道合的朋友,筹措了五十万两白银要做一笔大生意。乔致广作为发起者,几乎倾其所有,出资二十五万两银,占股五成,一起做高粱的"霸盘"

生意。"霸盘"就是在农产品的收购、炒卖、投机活动中的垄断行为，在市场竞争中是一种绝杀对手的狠招，稍有不慎就会反噬自己。乔家经商一向以仁义待人，极少使出这种绝招。不管是什么生意，五十万两银的生意都算得上大手笔了。

这本是一桩风险不大的买卖，而此时在包头，以邱家"达盛昌"为首的几家平素与"复盛公"不合的大商号，探知到乔致广等人要做垄断生意，认为这是一个打垮"复盛公"的好机会，在"达盛昌"东家邱天峻的示意下，这些商号私下里联合起来，在"复盛公"大量收购高粱的时候，故意抬高高粱价格。原本五十万两足够可以做下来的事情，用完了底钱不说，不断增加投入还久久不能做下来。

乔致广从去年冬天开始，就犯病咳嗽，面容显得消瘦，身子也弱了起来。在环境恶劣的塞外，他经不起这咳嗽病的折磨，不得不将生意委托给"复盛公"的几个掌柜和两个朋友，自己于春末回到祁县疗养。这乔致广的病还真是富贵病，几个月的时间遍寻名医、吃遍名药，咳嗽却总止不了；不知吃了多少上等补品，瘦弱的身子却没添半点血肉。因现银都拿去入伙做大生意了，在中堂留存的现钱全都用在了为乔致广治病上。在中堂主仆共有三十余人，每日的开支费用也很大。到了夏末，曹管家（兼乔家德兴堂掌柜）清理了一下账目，除去留存的日常开支费用，账上已经没有现银可供乔致广治病了。他不得不向董氏如实禀报，让她拿个主意。

怎么办？董氏尽管尽心尽力地处理在中堂的繁杂事务，却也没法子凭空变出银子来，但她又不想让丈夫知晓家中的窘境。此时的乔致广恨自己久病不愈，本就自责不已，又时时担心包头的生意，已经是心力交瘁，她实在不忍心让他再添烦恼。而乔致庸仍在紧张备考，更不能让他分心。董氏思虑再三，对曹管家说："还请管家暂时不要声张，让我来想想办法。"

第二章 天资聪颖性清高

董氏年过不惑,这些天来日夜操劳家事,也让她尽显疲态。她看着铜镜里的自己,久久发着呆。深夜,她猛然起身往祠堂而去,在祖宗牌位前跪下来,低声祷念道:"乔家历代祖宗在上,乔门董氏今日在此虔诚祷告祖宗在天之灵,保佑我乔家安然无恙,保佑大爷平安度过这一关,若有什么劫难,我愿一人承担!"

她祈祷毕,转身对跟在后面的丫鬟说:"把我所有的陪嫁和首饰珠宝清点一下,明日一早悄悄拿些去当了吧。"丫鬟偷偷落泪,也只能按照董氏吩咐去做。

这天晚上,乔致庸在小阁楼读书。这小阁楼门窗大,夏天凉爽,晚上还可看月亮星星,他平时喜欢待在这里。读书倦了,就趴在一块木板上睡觉。第二天一早,一阵鞭炮声把乔致庸从睡梦中惊醒,他猛然想起,今日是动身去太原参加乡试的日子。他翻身起来,就往后堂跑去。洗漱完毕,来到正堂,见病恹恹的大哥正坐在椅子上等着自己。乔致庸赶紧跑过去问道:"大哥怎么不在床上躺着,身体感觉好些了吗?"

乔致广看了乔致庸一眼,吃力地欠起身,对他说:"今日是你启程赴考场的日子,也是乔家的头等大事,我怎能再躺在床上。小弟,要记住,你此去肩负着乔家三代人的殷切希望,一定要为乔家考个举人回来,乔家的门楣全靠你来光大!"

乔致庸重重点点头:"大哥所言小弟谨记在心,此去必会尽全力,考个举人给大哥借点喜气,这病自然就好了,大哥尽早歇着吧。"

乔致广转头看向身后的董氏,点头示意。董氏会意,从丫鬟手里拿过一个钱袋子递给乔致庸说:"这是哥嫂给你的盘缠,一人在外该用尽管用,不必节省,照顾好自己。"说着,一行眼泪滑落脸庞。

乔致庸双膝一跪,泣声道:"哥嫂放心,我会照顾好自己。望哥嫂保重!"

乔致庸走后，董氏忍着泪问："大爷，你觉得……致庸这回真能考上？"

乔致广毫不置疑回道："他能。我相信他……"话未说完，忍不住咳出一大口鲜血来……

从祁县去太原的路并不远，乔致庸亲手驾车，一路上马车轻车疾进，当天挨晚，就到达了目的地。乔致庸对乔家的状况并不知情，平时大手大脚惯了，这次到了太原后，投宿在一个官办驿馆里。这驿馆吃住一体，条件比官府为生员提供的地方好，费用也较高。吃晚饭时，乔致庸在饭厅门外遇到一个来自河曲县名叫范炳仁的生员。二人一见如故，交谈几句，便结为朋友。能住进官办驿馆的考生，家里大多非富即贵。范炳仁显而易见也来自富贵人家，乔、范二人相约进饭厅小酌细谈。相酌二杯后，范炳仁道："乔兄，你既是富家少爷，生于锦衣玉食之家，长在深宅大院之内，为何要来争跃这龙门啊？"

乔致庸正色道："范兄，实话告诉你，这次我来太原应考，并不是为了自己，而是为了安慰大哥之心。大哥大嫂从小把我养大，供我读书，从不指望我将来能为乔家做生意赚钱，只望我有朝一日乡试中第，然后再去京师，考取进士，光宗耀祖。我不忍让大哥大嫂寒心！"

范炳仁听了苦笑一声，说道："咱们还真是同病相怜啊。我家先祖是明初走西口的盐商，到了我这一辈，数辈人在关内关外都有商铺，也算是富商。但他们认为，这钱再多，也是几代人用血泪辛酸换来的，地位远不及读书入仕。我虽对做生意没多少兴趣，但喜欢这种自由，已经在关外待了几年。可祖父不想让后辈吃他们吃过的苦，逼着我读书科考，一旦中举，就拿钱买个官做，也算是名利双收。"

二人一番推心置腹，言罢相视而笑。但他们的对话，不巧被几个从包房走出来的主持乡试的官员听到了，其中一杨姓大人说："都听到了吧，我们山西的生员多来自商贾之家，他们本就不重视读书，全指着递送银子跻身仕途,这哪里能选拔出人才?"

乔致庸听了,立刻站起身来,拱手说道:"这位大人,这番话怕是有失偏颇吧?"

这杨大人见乔致庸毫不慌乱,便问乔致庸:"你是考生吗?是哪个县来的?"

乔致庸行礼道:"大人,学生乃祁县乔致庸。"

杨大人不屑道:"我知道乔氏在祁县富甲一方,呼风唤雨。可像你们这样的富家子弟大多对科考很不重视,据说祁县、太谷、平遥等县的生员还要下帖子去请才来应试,来了也只是凑凑数。商人历来贪财,依我看来,你只管去做你的富家少爷,来这考场添什么乱呢?无非是纨绔惯了,想来这里换换口味。你们这种富商子弟,把山西的学风、民风都给败坏了!"

闻言,乔致庸心中怒火升腾,反驳道:"大人的此番说辞实在有失偏颇,并非富商不喜读书、不热心科考,例如盐商杨近泉,虽为两淮盐荚祭酒,却'独喜与士子游';蒲商王文显,读书入仕,官至教谕;富商沈廷珍,'经商所至,必携小学通鉴,时诵习之,遇事辄有援证,工楷书,喜为近体诗';介休范毓生于富商之家,却也选择了武举致仕;凡此种种,难道不能说明商人足够重视科考吗?"

府学正说:"这位生员所言似有道理,但细看只能算是特例,不能说明普遍性问题。自古以来,商人逐利,被文人雅士所轻视。即使有少数几人选择读书入仕,那也只是追求更大利益罢了,难道这不是败坏风气?"

乔致庸的犟脾气上来了,很不服气地说:"商人为谋生计和财富,走南闯北经商,何错之有呢?倒是那些官宦雅士只知以商为末业,却不知其何等重要,岂不滑稽?一味地重仕轻商,追求仕宦,难道就是正道吗?商人若明事理、有学识,兼有慈爱之心,凭财力造福一方,也是值得尊敬的儒士。而为官者如果不知廉耻，假公济私，也该被世人唾弃。"

乔致庸把这些能决定自己前途的官大人扫视一遍，不卑不亢地接着说："各位大人，尊儒重仕的民风并非被商人败坏，这一切只因穷困所致。天下有士、农、工、商四民，圣人有云，'无农不稳，无商不富'，但圣人从没说过重商就会败坏民风。我大清地大物博，南方北方，出产不同，若商旅不行，则货不能通南北，物不能尽其用，民不能得其利。民无利则不富，民不富则国无税，国无税则兵不强，兵不强则天下危，故重商利国利民，岂会败坏民风？立国之本，在于赋税，全国赋税，农占其七，商占其三，全国商人，山西一省商人又占三分之一。商人行商纳税，乃是强国固本的大事。莫非山西的商人全部去读书博取功名，对我大清来说才是好事吗？"

此时杨大人、府学正的脸红一阵白一阵，无言以对，只得摆出趾高气扬的架势，昂首而去。

弃学从商扛重担

第二章

第一节 艰难的抉择

在太原，乔致庸已经考完第一场。他对自己的发挥状态还算满意。待范炳仁交卷出来，他们又高兴地去酒肆小酌，放松身心。

同一天，一封来自包头的书信加急送到了祁县乔家"德兴公"商号。信差把书信交到了曹管家手上，看到信封上标明了"加急"，曹管家知道这是东家日盼夜盼的重要信件，不敢有延误，亲手把信送到在中堂董氏手上。

董氏心中有一丝不祥的预感，她飞快地看完信，面色大变，身子摇摇欲倒，幸亏丫鬟扶住。好一会儿，董氏才缓缓说道："曹管家，大爷一直在等包头的消息……可这个消息告诉他，那还不要了他的命！这次买粮食的生意已经耗空了乔家的家底，我已是毫无办法了！复盛公总号武大掌柜这会儿要银子救急，大爷能从哪里弄到银子啊？"

曹管家急得跺脚："大奶奶，现在不是慌急的时候，要紧的是赶紧让东家拿个主意，该怎么办。因为这次生意，大东家一次次从祁县拉到包头的银子都变成了粮食，堆在了库里，包头又有四五个商家与乔家作对，抬高粮价，如今正一伙伙地到复盛公闹着要清账。照规矩，三个月后秋末时，复盛公如果不能拿出一大笔银子清账，就要变卖商号来还债了！"

董氏讶然，强忍住泪水说道："大爷病成这个样子，怎么能告诉他呢？曹管家，近日在中堂怎么过的日子，没人比你更清楚，除了上次我请你用那座玉石屏风当的一万两银子，家里银库是一两银子也没有了。"

曹管家一听也急了眼："东家到底往复盛公投了多少银子？要是还不上银子，不止包头复盛公总号及十一处生意要破产还债，就连祁县的三处生意，太原、归化城等地的生意，恐怕也将不保！德兴公和渠家、王家及大小商家都有大笔生意来往，全部债务也有二三十万两银。但我们收购的几百担砖茶还在江南无法运回，要是他们一起要德兴公清账，这些生意，还不一样要变成别人的产业。"

董氏虽不管生意，但乔家的家底她还是清楚的，所有可流动的银两近百万两，全部变成了高价购入的高粱和茶叶。她头一晕，昏了过去。丫鬟叫了一声，急忙上前掐她的人中。半晌，董氏睁眼道："曹管家，你在这里等着，我进去见大爷！乔家这回真要塌了！"

曹管家别无他法，但又担心乔致广的身体，迟疑再三问道："大奶奶，东家病成这样，能挺得住吗？"

董氏站起来，道："他是当家的，生意也是经他手做的，我们能瞒他一天两天，却不能瞒十天半月，早晚他都是要知道的！瞒得越久，对他的刺激将越大。看来都是命中注定的，人是躲不过命的！"曹管家愣了一下，无奈地看着董氏拿着信摇摇晃晃地走进内宅去。

不一会儿，内室传来一阵剧烈的咳嗽声，董氏的丫鬟面色煞白，飞奔出来哭道："曹管家，您快进去吧，大爷看信后，大口吐血，怕

第三章　弃学从商扛重担

是不行了，憋着一口气要见您！"曹管家虽有心理准备，但身子还是剧烈颤抖起来，稳了稳神才踉踉跄跄跑了进去。

曹管家一进内室，就见乔致广正大口大口地呕血，董氏紧紧抱着他，泣不成声。他缓步走近，躬身道："东家，您有何吩咐？"董氏低泣道："大爷，曹管家来了，你有什么话交代，就对他说吧！"

乔致广吃力地伸出颤抖着的手，曹管家连忙跪着回话："东家，天大的事也没有您的身体重要，您要保重啊！"乔致广不停地咳喘着，断断续续说道："曹管家，我当初不听忠告，意气用事，乔家包头的生意让我做得一败涂地……我愧对祖宗啊。曹管家，景岱他娘，我自知大限已至，如今知道这结果反倒舒了一口气。只是有件事令我放心不下……"董氏和曹管家忍不住泪流满面，齐声说："大爷只管吩咐，再难的事，我们也照办。"

乔致广猛咳一阵，吊起一口气说道："我死后，在中堂只有致庸一个成年男人，你们一定想让他回来，主管家事，接管家族生意……都怪我这不争气的身子……但是你们一定要让他考完……如果半途而废，我死后难以面对祖先……至于从商还是入仕，让他自己选择……如他想要从商，还请曹管家等一帮老人多多帮他，如果他想考个功名，就是变卖祖宅田地，也要让他读下去，在中堂可以垮掉，乔家的生意也可以不做，罪责……由我一人承担……"乔致广话还没有说完，已上气不接下气。内宅一片寂静，落针可闻。曹管家伸过手去反复探了探乔致广的口鼻，好一会儿，才哀声道："东家，走了……"顿时，董氏呼天喊地大哭起来，内宅里紧跟着爆出一片哭声，仆人们乱成一团，进出匆匆。

曹管家见董氏已没了主张，对众人沉声道："传我的话，所有人都不准哭！里里外外，要一切如常！"下人小五愣了愣，一时没回过神来。曹管家急得跺脚挥手，喝道："小五快去传我的话！你找上几个嘴严的伙计,去守住大门,不许随意进出,更不许把大爷去世的消息透露出去!"

曹管家与乔致庸的妻子马氏简单商议了一下,决定把乔家银库布置成灵堂,暂时安置乔致广。董氏身穿重孝,看着几个家人将一块块冰垒在乔致广身旁,她已神志不清,只顾悲痛哀泣。

曹管家进来,抹着眼泪说道:"大奶奶,大爷不在了,可您还在,眼下您必须定下神来,替乔家拿一个主意啊!"

董氏愕然:"曹管家,我一个从未出过家门的妇道人家,大爷一死,我只觉得天塌地陷,我能拿出什么像样的主意?"

曹管家心想,大奶奶说得对,乔家眼下所面对的都是关乎家族命运的大事,她虽贤惠,持家有方,但真要她做什么决策,只怕本家的其他人也不会答应。思虑再三,他对董氏说道:"现在东家殁了,在中堂还有二爷,他理当把乔家的天撑起来!"

一刻以前,大爷还以最后一口气叮嘱,千万不要为难致庸,怎么转眼曹管家就变卦了?董氏疑惑道:"难道曹管家是要致庸……那岂不是?不行……大爷的话你我都听得一清二楚,他自己因家中变故而放弃科考,这是他一生最大的遗憾,若再误了致庸,大爷会死不瞑目的,还是请曹管家另作他想吧。"

曹管家佯作镇定说道:"大奶奶,乔家的生死就在您的一念之间。二爷考举是为何?还不是为光大乔家门楣,若是乔家不复存在,虚头巴脑的功名何以依托?"

董氏心中哪里不知,只是她不想违背先祖及夫君的遗愿,也不知道致庸能不能接受这样的安排。除此一招,就完全没有别的办法可想了吗?董氏的嘴唇抽动了半天,还是摇了摇头。曹管家有点急了,提醒她说:"大奶奶,这次乔家若能得救,二爷就还有机会读书科举;若是乔家一败涂地,他还怎么走他的科举路呢?二爷现在是唯一能撑起这个家的男人，一切只能靠他了！"

董氏终于停住哭泣，抬起头眼睛直怔怔瞪着前方。曹管家又催促道："大奶奶，为了乔家，您和我要把大爷方才说的话永远埋藏在心里，对谁也不要说出来！如今乔家的天已经塌下来了！事关乔家里里外外十几处生意、乔家这座老宅、几十口人的性命、景岱少爷的前途、二爷的前途，现在可真是千钧一发之际啊！所以，我们一定要说是他大哥临终时把乔家托付给了他！他若不能让乔家起死回生，他大哥将死不瞑目！"曹管家之所以把话说得如此严厉，一方面是出于忠心，乔家确实到了生死关头；另一方面，他作为在中堂管家、德兴公的掌柜，乔家和商行败了，对他的名声也是一个很大的损害。

话已经说到这个份上了，沉浸在悲痛之中的董氏终于抬起头来，眼中闪出的那份沉着镇定令曹管家大为惊诧。董氏一字一句道："曹管家，我明白了！为了乔家，也为了致庸，我立刻让小五去太原府接二爷回来！"

与此同时，在祁县商街达盛昌总号内，刚刚从包头赶回来的大掌柜崔长久，掏出东家的信递给达盛昌二掌柜和三掌柜。两人看完了信，相互对视一眼，二掌柜高兴地一拍桌子道："大掌柜，你和东家在包头的这招真是高，乔家这回要完了。"

崔长久是邱天峻最为信任倚重的掌柜，不过四十出头，长着一对颇为犀利的鹰眼，他把信拿回锁起来，依然一脸严肃地道："不对，现在乔家还没完，虽然乔家在包头的生意眼看着就要改姓邱了，但乔家在山西、天津和北京还有六处生意，东家这次让我亲自回来，就是要我们一鼓作气，把乔家一锅全端了！自此以后，再不会有乔氏这一门与我们达盛昌相争了！"

在乔致广病逝后的第二天，在中堂正门外，曹管家克制着怒气，对来讨债的一众人说："诸位爷，诸位爷，都不要嚷，听我一句话，大家的意图我已经明白了，一会儿我就进去给东家禀告一声。眼下东家重病在身，暂时无法与大家一一解释，等他的病情稍好，能出来见人了，一定会出面给大家一个明确答复。大家还是先回去吧，吵吵嚷嚷，有失各位脸面……"

人群中，一乔家本家人蛮横道："老曹，你甭给我们来这套！乔家现在是什么情况我们比你清楚！你要是管不了这事儿，就别挡着道，让我们进去跟致广说，他不能把生意做赔了，这时候躲起来，我们不答应！"有人带头起哄，众人也跟着起哄道："对，我们不答应，我们退股！"

曹管家虽然对他非常不屑，但他毕竟是德兴公的小股东，自己的好话没人听，响应起哄的人却不少。眼见一干人一边吵嚷着，一边朝大门里挤，曹管家赶紧带着几个仆人拼命挡住，自己则匆匆走进内宅正堂。他看了董氏一眼，对门外的喧闹一句不提，跪在先辈牌位前的董氏也不问。过了好一会，曹管家才缓缓说道："大奶奶，二爷就要回来了，您想好了怎么和他交代没有？"董氏一听，没有回答，只一声不吭流着眼泪，似乎眼泪怎么也流不完。

曹管家静默良久，忍不住叹了口气："大奶奶，封锁大爷死讯，秘不发丧只是缓兵之计，三五天还撑得过去，时间长了可就瞒不过去了，我们得好好想想下一步怎么走才是……"

董氏抹了抹眼泪，心灰意冷地说道："曹管家，说实话，二爷回来，这家里也只能是多个男子。他从小只知读书，哪见过这般世面，指望他回来做生意我真是一点信心都没有。事到如今，除非有贵人相助，否则乔家决逃不脱此劫！"

差不多与此同时，在太原贡院考场，刚要进入考场的乔致庸在贡院门前看到了一个熟悉的身影，正是乔家的下人小五，只见他焦急地来回踱步，嘴里还在念叨着什么。乔致庸顿感不妙，他心里一颤，思

第三章 弃学从商扛重担

忖道：若不是家里出了天大的事，小五断然不会出现在这里。乔致庸拖着有些沉重的步伐走上前去，小五看到了他，带着几分颤抖的嗓音对他说："二爷，可算等到你了，大爷病危，大奶奶拿不定主意，本不忍扰你科举，但是现在家里已经乱成一团了，您再不回去恐怕……"乔致庸一听，心头如巨雷炸响，他身子一颤，脑袋一阵眩晕。当他稍镇定下来时，立刻想到大哥绝不只是病危那么简单，除非到了生命垂危的最后关头，否则家里人怎么会来打断自己的考试呢？乔致庸没有犹豫，放弃了这场考试，和小五马不停蹄地赶回祁县老家，到门前时几近虚脱。

到了在中堂门前。他踉跄着下马，进入院中，大声问道："大哥，大哥，你在哪？大哥，致庸回来了！"经下人告知，他直奔后堂银库，此时他终于悲声大放："大哥，大哥，致庸回来了，致庸回来晚了……"一见乔致广的棺材牌位，乔致庸立刻扑倒在地，失声痛哭道："大哥，大哥，我走的时候你还好好的，怎么转眼间便阴阳两隔，大哥怎么忍心撒手而去……"他猛然想起几日前的事，终于明白大哥是强撑病体送他，他却浑然不觉……悔痛如针刺般密密扎向心肺，乔致庸的头不停地磕在地上，失声大哭起来。

曹管家走了过来，努力搀扶起乔致庸："二爷，您定定神，大奶奶说，大东家临终时留下遗嘱，不让她们为他守灵，要她们在乔家祠堂给祖宗长跪！"

乔致庸悲痛又不解地问道："这又是为什么？"曹管家颤声说："乔家的生意败了，不止包头的，连太原、归化城等处的生意都可能赔掉，东家临终前留下话，他自个儿对不起祖宗，就是死了，也要大奶奶和景岱少爷替他向祖宗赔罪！"乔致庸大惊，猛然抬起头来。曹管家看着他，沉声道："二爷，自从大爷过世，大奶奶和景岱少爷就跪在后堂祖宗牌位前，已经跪了两天两夜了，大奶奶昏死过去好几回，谁都拉不起来！二爷，您如今是在中堂掌事的，现在家中这样，您可得撑起这个家啊！"

乔致庸悲痛大叫："可怜的大嫂！曹爷，我大哥他临终前还说了什么？"曹管家一边抹泪，一边说道："大爷临终时还说，乔家生意一败涂地，他是个罪人，没脸进乔家的坟地。乔家人什么时候把祖宗的家业重新振兴如初，他才肯进乔家的坟地！"

乔致庸身子一晃，几乎支持不住。乔家难道只因一次失误就彻底倾覆了吗？他往日没有怎么关心过乔家的生意和经济状况，此时他只觉得对不起先祖和父亲的厚望，有负于大哥近二十年的养育之恩，内心痛苦又迷茫。

后堂中董氏和景岱，在祖宗牌位前长跪，泪流满面。乔致庸见状愈加悲痛，"扑通"一声跪下去，悲怆说道："大嫂，致庸已经回来了，就是天塌下来，我们也一起顶着！你和景岱快快起来吧！"

董氏哭道："我是他的妻，景岱是他的儿。乔家两代人辛辛苦苦创下的家业，被你大哥弄得一败涂地。别说我们现在代他向祖宗请罪，就是和他一起去死，都是应当的！二弟，大嫂是个女流，景岱还是个孩子，乔家现在遭遇大难，成年的男人，可就只剩下你一个了，全赖你来撑起乔家大梁！"乔致庸说道："大嫂，不是二弟推辞，二弟自幼在你和大哥跟前长大，只知读书玩乐，这你是知道的！我现在就是答应了，恐怕日后也负担不起。大嫂，不是致庸不愿，是致庸不能啊！"

董氏闻言变色，看着乔致庸恳求的目光，一时竟说不出话来。曹管家见乔致庸情绪不对，毫不客气地说道："二爷，都到这个时候了，您不能再推脱了呀！"

乔致庸颤声嗫嚅道："曹管家，大嫂，你们不要逼我，我既不想经商，也不想做官，你们是知道的。我只想做个逍遥客，自由自在地过一辈子！我……"

　　董氏将乔致庸搀起，一时神情惨淡痛声道："哥嫂无能，把乔家弄成这个地步！如今乔家已败，既然你不愿意接这个烂摊子，那就变卖全部家业还债，若还是不够，我和景岱母子就从这座老宅里净身出户，把这宅子卖了换银子还债！"她说完，身子摇摇晃晃站起来，决然道："曹管家，其他什么事都暂时放下，我们先去算一算，看看到底欠了人家多少银子！"

　　董氏闭上双目，缓声道："二弟，嫂子一个妇道人家，能为乔家做的事就只有这些了。做完最后一件事，我就带景岱去见你大哥！"

　　乔致庸内心在挣扎、在流血，痛苦不已。他又"扑通"一声跪下，大叫道："大嫂，你千万不要想不开啊……"乔致庸听着大嫂的话心如刀割，长嫂如母，为了保护她们母子，哪怕是舍弃自己的理想，甚至舍弃自己的性命，都在所不惜，只是自己确实不了解生意，实在是不敢接下这副重担。

　　曹管家看了看董氏，又看了看乔致庸，也慢慢跪下，再次劝道："二爷，您是读书人，懂得人生天地间，活的就是仁、义、礼、智、信五个大字。容在下说句出格的话，您真要眼睁睁地看着乔家破家还债，什么事也不做，这就是不仁；大爷大奶奶自小将您养大，大爷留下遗愿，将家事托付给您，您却不愿承担，这是不义；长嫂如母，大奶奶和景岱少爷跪求您接下乔家家事，您置之不理，是不礼；您现在宁死也不愿管乔家的生意，坐看祖宗产业落于他人之手，自己将来也不免冻饿街头，是不智；大东家去世了，大奶奶和景岱就您这么个亲人，您对他们的死活毫不在乎，是您在死去的大哥面前失了信。既然仁义礼智信全无，读书又有何用？"

　　乔致庸心头一团乱麻，一时想不出更说不出半句话来，只好怔怔地站着。良久，他才跌跌撞撞走进了书房。他没有坐下，只来回踱步。

突然间，他仿佛大悟，拭泪哈哈一笑道："罢了罢了！我一介书生，为何不可化作一个商人？"

当晚，在乔家书房内，乔致庸一身孝服，面窗而立。曹管家站在他身后，不时看他一眼。沉默半晌，乔致庸猛然转身，沉声说道："就是说，哪怕卖掉这座老宅，我们欠的债也还不清？"曹管家点头。乔致庸又问："家中现在还有多少银子？"曹管家叹道："不瞒二爷，银库里早没了银子，前几天进了一万两，那是大奶奶为您出门应试拿陪嫁玉器典当的，这几天大爷过世，又花了一些，仅剩几千两了。乔家破败的消息早晚会泄露出去，那时所有的相与（生意伙伴）都会一起找上门来要银子，这点银子简直杯水车薪。到底该怎么办，只怕您今日就得定夺！"

乔致庸心中接连几个沉重的咯噔过后，总算彻底明白了家中此刻的险境，反而镇定下来，开始了冷静的思考。又过了半晌，他终于下决心道："是祸躲不过，我想好了，立即给大哥发丧！"见曹管家有疑惑，他补充道："大哥去世你们秘不发丧，替我们乔家赢得了时间；现在我要立即发丧，也是要为我们乔家赢得一点时间。眼下对于我们来说，这就是喘息之机！"

曹管家立刻醒悟，低声道："东家，您是说，立即发丧，那些本家和相与就是想上门讨银子，也不好逼得太紧了。毕竟我们家有丧事，就是要还他们银子，也要等我们把丧事办完！"乔致庸道："此举虽冒犯大哥，但也别无他计了。不过了三七，他们也不好前来叨扰。这样我们就有二十多天的时间想办法，让乔家渡过这个难关！"

董氏、曹管家都激动地点头道："二爷这个主意好。大爷死后有知也会高兴的！"

第二节　苦渡难关

乔致庸仔细盘算后，决定把乔家银库里仅剩的数千两白银，全部花在大哥乔致广的丧事上，排场十分讲究，场面十分壮观。乔致庸的做法让一些要求退股的股东和生意上的债主都心生疑惑：这般奢豪的葬礼，难道那些流传乔家彻底亏空之言都是竞争对手的谎言？

乔致庸给大哥办理完丧事后，立刻与曹管家、账房等人查对了乔家生意的大致账目。乔家面对的是三重困境，一是大东家乔致广在年初收购粮食投入股本二十五万两银（其中有三万两是乔家德兴公商号出资），在收购过程中，因竞争对手邱家达盛昌等故意抬高粮价，使得广盛公和相与的收购成本成倍增加，乔致广不得不几次追加投入；待高粱收购完成，竞争对手又大肆打压粮价，乔家的高粱堆积在粮库里卖不出去，如果大幅降价出售，不仅要亏血本，还必然扰乱粮食市场，且一下子也无法大量变现，乔家的危机还是不能解除。二是乔家复盛公总号筹现银二十余万两往南方收购绸缎、茶叶，货全部备齐后，却因水陆交通阻断，无法运到包头变卖成银子，复盛公总号及分号都面临股东撤股、订货客户讨还预付款的巨大压力。三是祁县乔家的德兴公商号因现银被抽走了不少，不得不与其他商号赊账做生意，加上历年来的赊账，数目也超过二十万两银子了。德兴公的部分股东听说乔家的生意垮了，在商业对手的煽动下，他们纷纷要求退股，债主也纷纷上门讨债。

乔致庸掌握了大致情况后，眉头紧锁，认真思索良久，问曹管家："应付这些股东和债户总共需要多少银子？"

"这个账还不好细算，少说要三十万两。"曹管家回道。

乔致庸说:"曹管家,在我大哥'三七'这些天,你先往东关镇米家、高家说说交情,然后去徐沟县榆次的秦家说一说复盛公遇到的麻烦,看这几家能不能伸出援手。"

其时,因"京西官道"穿徐沟而过,交通便利,此地因此成为南北商品交汇和晋商云集之地,与平遥、祁县、太谷、榆次一起构成晋商活动的中心区域。乔家与这一带的富商多有生意来往,在当地也有些亲友。

曹管家很为难地说:"东家,您知道,这些年不是天灾就是人祸,谁家生意好做?别说赚钱,能维持局面活下去就不错了。尤其是近两年,各财东家家都把银子捂得紧紧的,这个节骨眼谁敢借给乔家如此大数额的银子呢?"

乔致庸想了一下,觉得他说得在理,但还是坚持道:"曹管家,你和我大哥在平遥、祁县、太谷、榆次没少结识商家,乔家的信誉大家也是心里有底的,既然到了这背水一战的时候,就每一家都跑一遍,看看还有没有愿意借给乔家银子的。我不信没有一个人愿意在危难时帮我们一把!若有愿意帮我们的,待大哥'三七'一过,我就亲往商谈借贷。"

曹管家按照乔致庸的嘱托,与车夫往徐沟等地跑了几趟,但都失望而归。原因很简单,生意归生意,交情归交情,借钱做生意这种有利可图的事情可以谈,但借钱给乔家还债,谁也不愿意承担这个风险。

此时乔家的男女老少、仆人、店铺掌柜齐动员,将平时的积蓄七凑八凑,筹到应急银子约二万两。乔致庸犯了大愁,这补贴亏损就和堵水口子一样,堵住就堵住了,堵不住就前功尽弃了。不仅先辈创下的商号保不住,这两万两银子也会白扔!

如今乔家已经背临深渊,唯有赌上一把,才有可能起死回生!乔致庸思忖:这些来要求清账的小商户、小股东,最看重的无非就是自家的利益，如果他们强行清账，会有一笔数目不小的违约金赔偿给乔家。投资入股都是为了赚钱，谁甘心投了钱没有赚头，反而要赔上违约金呢？因此，如果自己能筹到一些银子稳定人心，再说明其中的利害关系，说不定能起死回生！

大哥"三七"过后，乔致庸立刻亲自出马，去找相与及亲戚借钱。可是这时候，他的妻子马氏病倒在床，非常需要乔致庸的照顾陪伴。马氏自生完次子景仪后，身子一直很虚弱。由于庸医误诊，没找到对症的药物，导致她的病情越来越严重，整个人瘦成了皮包骨。妻子的这副病态令乔致庸心痛不已，他拉起马氏的手，愧疚地说："想我乔致庸上半辈子读书不成，经商又不懂，也不是个称职的丈夫、父亲，连妻儿也照顾不好。而今你病成这样，我却不能守在你身边，为了乔家，要离家远行……"

马氏惨然一笑，道："这都是命，怪不得你。乔家正处在生死关头，如果夫君为了我而误了大事，那我就成了罪人……你放心去吧，我能照顾好自己和孩子。"

与妻子再三拥抱告别后，乔致庸对外声称是去乔家分店筹集银子，起身往东关街、太谷、榆次等地，债主们将信将疑，而乔致庸心里也没底。这个时候，还未涉足商场的乔致庸除了乔家几辈人积累的人脉和经商信誉，还有什么可利用的呢？

他先去了米家拜访。米家是乔致广的外公家，与乔家关系还算亲近，且与德兴公有生意往来，但乔致庸好说歹说，米家只答应借银三万两，期限三个月。乔致庸没有气馁，马不停蹄地赶往下一家，高家。高家与乔家的亲戚关系比较远，家主是乔贵发舅舅的孙子，隔了三代，乔致庸喊他表叔。高家算不上富商，但高家家主很慷慨，几乎拿出了全部现银五万两，给乔致庸渡过难关。高家的反应让乔致庸看到了希望，所以去徐沟时心情转好。

可是，让乔致庸没有想到的是，当初与祖父乔贵发合股做生意的秦肇庆的后人根本就不想承认与乔家有关系，只把乔致庸当陌生人，哪肯把银子借给他去还债。乔致庸诚恳地说明来意，秦家人却不冷不热地应付几句就把他晾在了一边。初与商人打交道的乔致庸甚感尴尬，脸面大失，灰溜溜地离开了秦家。接下来，乔致庸又跑了四五家，说到借银子，他们的态度都与秦家无二。

乔致庸拖着疲乏的身子返回祁县乔家堡，还未进门，就被本家乔四爷拦住，他语气强硬地要求退还一万两股银。乔四爷说："老二，你哥的'三七'已过，看你两手空空的也不像弄到了银子。我倒是可以给你支个招，不如把宅子卖了，我肯定能帮你找个好买家。"

一见到乔四爷这副嘴脸，乔致庸就气不打一处来，冷冷道："四哥，你那区区一万两放在德兴公这些年也没少吃红利，若非如此，早被你败光了。你不知好歹，还想打我宅子的主意，还有点人情味吗？现在我告诉你，银子明天一早就运到祁县老家，若不信，你可把那些债主都喊来瞧瞧，我一个一个全给他们清账。至于你那一万两，当场就可兑给你。不过话得说在前面，咱们得按规矩走，退股不仅吃不到一个账期（三年）的红利，还要从股本里扣除一成作违约金。你想清楚了再跟我说。"

果然不出乔致庸所料，乔四爷被他唬住了，低头想了想，嗫嚅道："难道这小子真搞到银子了？我若退股，岂不亏大发了。退不退，我要看到银子再说。"乔致庸看着乔四爷脸色忽变，更加笃定了自己的办法是可行的。

第二天上午，以乔四爷和渠家、元家、王家为头儿的一帮小股东和债主就候在在中堂大门前，正吵吵嚷嚷的时候，就见三辆马车缓缓驶来。

马车刚到，曹管家就从车上跳下来，对小五喊道："快叫几个青壮小伙来抬银子。"随即,他先从车上拉下一个大麻袋,打开后往地上一倒,就见白花花的银子滚落出来。众人不禁惊讶出声:真是银子!乔东家没有哄人。但还有人不信,又把另外两辆车上的麻袋都细细摸了一遍,没错,也是银子。

这时,乔致庸从院内走出来,众人安静下来。乔致庸扫视众人一眼,高声说道:"这里的很多人都是乔家生意的股东和相与,我在此感谢大家这些年来对乔家的信任和支持。但近十几年来,天灾人祸连连,生意越来越难做,别说小商户,就连我乔家也遇到不小的难处。尤其是这次的粮食生意,遭对手暗算,确实亏了一些。眼下资金流转困难,各股东和债主听信流言,觉得乔家垮了,要求退股或清账,我认为这也在情理之中。但我要说的是,我乔致庸现在正式接管了乔家所有的生意,我坚信乔家能渡过这次难关。这不仅仅是银子的问题,更与我的先辈一向坚守的诚信经商的信念有关,我会把这个信念坚守下去。而今很多人对乔家的信任产生了动摇,要求清账,现在诸位也看到了,银子在此,马上就可以办理,若是不够,我便再叫人去拉。不过,丑话说在前头,凡在我乔家危难之际清账的,以后再想与乔家做生意,门都没有!股东撤股也将按合约扣除一成作为违约金,这一期的红利也不再可享。"

众人听了乔致庸这番话,在下面议论纷纷。本都是小门小户,不再与乔家这个大户做生意,那岂不是坐吃山空?这个账谁都会算。只要乔家不倒,对他们就是有利无害的。于是,有人带头喊道:"先前听信了谣言,只想讨回本钱。今日看到乔二爷如此仗义,冲着乔家的字号,我信。请东家莫见怪,小人给您赔罪了。"一众人纷纷附议,吵闹的人群也先后散去。乔致庸望着众人的背影,自己早已汗透衣背。

乔致庸与曹管家进到后堂,见董氏站在那里发呆,便上前招呼,并将刚才的情形叙说了一遍。董氏默然,半晌才道:"也就是说,致庸拿着这几万两银子,把债主们唬了过去?可若债主们真横下心来清账,那该如何是好?"

曹管家猛然醒悟道:"东家,难道这是缓兵之计?"乔致庸嘴角翘了翘,沉默不语。

德兴公商号算是暂时安定了,但面临更大麻烦的还是包头的复盛公总号。几天后,乔致庸只得抛下病重的妻子,与车夫三儿一起骑马匆匆北上,千里迢迢赶去包头。临行前,他与曹管家好好谋划了一番,决定故伎重演。乔致庸前脚刚走,曹管家就按他的吩咐,从著名的广盛镖局祁县分部请来上百人手,押着骡马队驮银子三十万两,日夜兼程,浩浩荡荡往北而去。

不过,从祁县老家传出的消息远比驮银子的骡马队快得多,包头那边,乔家复盛公总号及十余家分号、邱家的达盛昌,还有崔家、王家等商号的掌柜都听到了这一消息,他们都半信半疑,拭目以待。

乔致庸到达包头后,先后约见了复盛公的几家大合作商,并定好日期,将大宴宾客。曹管家随骡马队而行,只有他心里清楚,这百十匹骡马驮的银子号称三十万两,实际不过七万两。其中五万两真银单分出来,其余驮袋装的多是石头,石头上面再盖上一层银子(共二万两),系好袋口,然后在袋子上面标上记号。

骡马队在一个晌午赶回包头时,一匹匹骡马汗流浃背,如同水洗了一般!曹管家来不及喘息,在复盛公的院子里把驮袋子卸下,摆在一起,然后解开驮袋,顿时,院子里一片银光!一看到这么多银子,无论是本号的还是外地的人,无不啧啧赞叹!

因复盛公的武大掌柜告假回乡,便由二掌柜清点银子,交接手续,然后,挂出牌子开始兑换现银。众人看见堆在柜子里的白晃晃的银子,那些要账要银子的不作声了——这么多的现银,谁说复盛公会垮?有这么厚道实诚的东家,复盛公怎么会垮呢?既然复盛公垮不了,又何必着急兑现银，不到期兑换银子可要吃大亏呀！

乔致庸此举并不算高明，但非常有效。一是表示他诚心诚意地想快些给客户兑换现银，信誉可靠；二是显示东家财力雄厚，往包头拿这么多银子对乔家来说算不了什么，从而打消客户们对复盛公商号的担忧和急于兑换现银的念头。

复盛公的局面立马稳定下来。渡过了一个大难关，紧张了好长时间的二掌柜和大账房先生终于露出了轻松的微笑。

第三节 重振复盛公

复盛公的危机虽然暂时过去了，但遗留问题并没有解决，而且仅靠这七万两银子（留三万两在祁县是准备还米家的）并不能从根本上解决问题。于是，乔致庸先与总号二掌柜秘密商议了一番，然后又与各分号的掌柜商量，决定先稳住复盛公的内部核心人物，然后再想新招。

武大掌柜不在，乔致庸一时想不出什么高招来。于是，他便决定去拜访告假回乡的武大掌柜，他是复盛公的元老之一，对复盛公的方方面面都十分清楚。

武大掌柜是山西河曲人，老家在西口古渡南。时值初春，黄河水浅，乔致庸骑马过了黄河古渡，便一路打听，才找到武大掌柜的住处。房子粗看略显陈旧，走进里面却还算雅致。武大掌柜虽与乔致庸见面次数不多，但多年的识人经验告诉他，这乔家二爷，不是一般人。二人寒暄一阵后，乔致庸便直入主题，说道："大掌柜是复盛公元老，听说您告假在家，晚辈特来拜望。复盛公如今面临生死危机，致庸有个不情之请，若大掌柜这边事情结束，我想请您尽快回去，主持大局。"

武大掌柜面露愧色，应道："复盛公遭此一劫，我这个大掌柜难辞其咎。我虽竭尽全力为复盛公效劳，但毕竟上了年纪，思维迟钝，观念陈旧，要让复盛公起死回生，只怕是力不从心，会辜负东家的重托。"

乔致庸坦诚说道："大掌柜也知道，致庸不过是个读书人，哪懂什么经商之道，而武大掌柜在复盛公已久，无论先父还是大哥都认为您忠诚可靠，是复盛公的主心骨。在复盛公人心浮动、声誉渐失之际，只有您才能稳定人心。当初，大哥不听您的建议，导致复盛公面对如此困境，责不在您。我这次前来，就是想请您不计前嫌，再担重任，助我一臂之力。"

武大掌柜苦笑一声，说道："东家，您这话言重了。并非我倚老卖老，故意推脱，我可以回去帮助东家，只是我这人一向谨慎有余，进取不足，没有什么胆识。而今复盛公犹如重病之人，重病需用猛药，让我这样善于守成的人来担此重任并不合适，得找个有魄力之人来担此大任。"

"既然您这么说，那您是否有合适人选推荐？"乔致庸听出了掌柜的言下之意，投去了期待的目光。

武大掌柜想了想说："在河曲县还真有这么一个人，此人姓范，家中也颇有钱财，前不久考中了举人但没进入仕途，此人有胆有识，精明干练。他不爱做官，在生意场上打拼了几年，但与其父的经商理念不同，便生气回了老家。"

"您说的这人可叫范炳仁？"

"正是。因刚中了举人，人们便称他范举人。东家知道此人？"

乔致庸猛然想到在乡试时结识的那个叫范炳仁的考生，听武掌柜一番描述，便料定是他。于是，与武大掌柜约定好返回包头的日期后，他又去寻访范炳仁了。

时值早春，晋北大地上薄冰覆盖，春寒料峭，云雾迷蒙。乔致庸

第三章　弃学从商扛重担

骑在马上，沿一条田间小道蜿蜒而行，冷风一吹，感觉浑身冷飕飕的。还好，范炳仁的家很容易找，就在村头一棵大榆树旁。范炳仁之妹听说远客来访，非常热情地请乔致庸进屋。乔致庸却站在院门口，只询问范炳仁是否在家。范家小妹抬手向远处一指，微笑道："家兄正在陇亩之上呢。"

乔致庸朝她手指的方向来到田头，终于找到了范炳仁，他发现这早春之时，还未到耕种时节，而范炳仁的田地显然已翻土耕种过。乔致庸压下好奇，上前打招呼："范兄别来无恙啊？"

范炳仁抬眼看见乔致庸，神色略显意外，又略带几分疑惑。"真是稀客呀，什么风把乔老弟吹到这穷乡僻壤来了？"

乔致庸也不与他多客套，开门见山地说："听说老兄中举了，可喜可贺啊。"

范炳仁神色一敛，说道："喜从何来，不过是中个有名无实的举人。乔老弟的事情我有所耳闻，深感可惜。我对乔家的处境也有所耳闻，不知现在如何了，危机解除了没有？"

"目前只能算是有所缓解。要想走出困境，还得请高人帮忙出招，自然想到了你这个新科举人。"乔致庸说。

范炳仁愕然："我？不，乔老弟，我如今不过一个乡野村夫，哪有能力帮乔家走出困境呢？"

乔致庸知道他只是谦虚，并没有拒绝之意，于是改换话题说："范兄既不想经商，而中举后又不愿做官，这是为何？难道范兄甘愿做个耕农，一生过这乡野生活？"

"乔老弟当年不也是只想过四海逍遥的生活，我俩岂不是一样？"说罢，范炳仁呵呵笑起来。

乔致庸不好接此话茬，转换话题问道："未到春耕时节，范兄为何这么早就开始忙碌？"

"从种种迹象来看,估计今年春末夏初会持续干旱,旱灾之象渐显。我早种早收,即便产量低些,只要精心照看,也许会比别人多收获一点。"范炳仁道。

乔致庸一惊:"范兄难道对农耕节气天象有所研究?"

范炳仁淡然道:"既想做个乡野村夫,怎能不懂点节气天象?"

乔致庸心中猛然生出一个想法,请范炳仁去做"买树梢"生意,或管理木场、农庄,以他的细心和能力,岂不是很合适?这个念头一出,他更加坚定了聘请范炳仁去包头当掌柜的决心。于是,他向范炳仁正式发出入伙邀请。

而范炳仁原本就与乔致庸很投缘,如今复盛公虽然面临危机,但又何尝不是个千载难逢的机遇呢?在乔致庸的热情邀请下,他当即答应去包头,协助乔致庸做生意,重新振兴复盛公。

正月底,乔致庸、武大掌柜及范炳仁三人一起返回包头。到包头当晚,三人又找来复盛公的一些核心掌柜,认真商讨了重振复盛公的办法及步骤,制定了详细的计划。

次日,在包头最豪华的酒楼内,乔致庸一身光鲜,满面春风地招呼着众东家和掌柜。包头的大小商号,无论是复盛公的合作伙伴还是竞争对手,都各怀心思前来赴宴,宾客达近百人。待大家落座后,乔致庸举起酒杯笑容满面地说道:"诸位相与,我先祖当年牵骆驼来到包头,白手起家,从一家小小的广盛公草料店扩展到今日复盛公的十余家店,全靠各位相与的帮衬和扶助。乔家也不负众望,在众多商家与客户中建立起信誉。我作为小字辈,不懂经商,却能理解'相与'的意思,就是伙伴、朋友,要互通有无,相互扶助,大家说对不对?"

众人不知他葫芦里卖的什么药,互相看了看,觉得这话也不错,便礼节性地附和起来:"对对对,乔东家讲得不错!"乔致庸继续客套道:"致庸刚接过经营乔家生意的担子,又是初来乍到,今日略备薄酒，敬大家一杯，以表感谢！"

众人也不多想，都站起来举杯共饮。

王掌柜站起身说道："乔东家，你太客气了！前段时间我们大伙到复盛公前闹着要银子，你今天反倒请我们来此赴宴，乔东家这么年轻竟有如此胸襟，我等实在羞愧。今天无论如何也不能驳了乔东家的面子，我们大家一同陪乔东家喝了这杯酒！"众人都笑了起来，饮了这一杯，席间热闹起来。

当然，这笑声含义也是各有不同。竞争对手达盛昌的二掌柜是有备而来，他开口问道："乔东家，在下有一事不明。去年复盛公在包头做粮食霸盘生意，致使银子吃紧，即便乔家家底深厚，想必也是折损了不少。敢问乔东家，此次来包头，打算用什么样的灵丹妙药让复盛公起死回生啊？"

这是众人都关心的话题，大家都平心静气等待乔致庸回答。乔致庸稍稍放松神情，淡然一笑道："这位掌柜问得好，我今日请诸位商界前辈来，就是想要诸位帮忙参谋参谋，出点主意。不过我想，要挽回这次生意的巨大损失，必须采取非常之举。首先，希望诸位买进复盛公的存货，主要是高粱，我会低价放出，好让复盛公多点流动的银子来做其他生意；有了这笔资金之后，我会亲自去后营和蒙古人做些真正赚钱的买卖，打通新的商路。"

这时一位掌柜说："恕我直言，现在高粱价格仍然走低，乔掌柜真忍心大批出手吗？有没有想过要承担多大亏损？况且，即使乔掌柜愿意低价出售，在包头也没哪家能吃进这么多货。过不了多久，新高粱就会上市，谁还会吃进乔掌柜的存货呢？"

乔致庸依然不动声色地说："这位掌柜说得有理。不过复盛公早做好了亏损的准备，不会因此深陷危局。现银周转上的困难已经解决，低价出售高粱只是想收回部分成本，让复盛公可周转的银子更多一点。

至于有没有人愿意买进,自然看各位掌柜的眼光,我唯一能做的不过是尽量让售价高一点,多回点本钱而已。"

大家见乔致庸似乎并没有把花了八九十万两银子买进的粮食当作难题,心里的小算盘瞬间乱了。这时,有人又问:"乔东家,我还是不相信你对如此大的积压不在乎,除非你能告诉我们你所说的做别的生意是什么。"

乔致庸略带醉意,神秘一笑,说道:"诸位东家,别的生意是什么恕我暂时不能相告,大家都是商人,再谈下去就是复盛公的机密了。不过,有一点我可以告诉大家,我们复盛公永远看重与相与之间的友情,有赚钱的机会,绝对不会忘了曾经帮助过复盛公的相与。不过对我复盛公落井下石的人,也别怪我们不顾情面!"

宴会之后,复盛公的一些合作伙伴似乎暂时放了心,几个竞争对手却有点摸不着头脑。他们认为,即便乔致庸对高粱的积压不在乎,但在他抛售之时继续打压粮价,还是有利可图的。于是他们统一口径和行动,在新粮上市前,准备再联手打压粮价,除了能赚得相当不错的利润,还能让乔致庸承受更大损失。

然而,他们的算盘终是打错了。做买卖的核心是把握好价格,而把握价格的关键是掌握供求关系。乔致庸在宴请诸位掌柜之后,就马上开始搜集方方面面的信息,并与武掌柜、范炳仁等认真分析研究这些信息。他还与范炳仁一起骑马到土默特各地转悠,了解粮食收成。在正式做这种买卖之前,他要先试一试自己预测粮价行情的本领。回来后,乔致庸又从六陈行柜上调来几个靠得住的跟街伙计,让他们挨家挨户明察暗访,摸清各个粮店及油坊、酒坊的粮食存量。最后他决定再冒一次险,赌一把:让武大掌柜和粮油分店的马荀明面上大肆宣扬要低价抛售高粱,这种做法让其他经营粮食的商户对复盛公没有了防备之心。接下来,乔致庸拿出全部七万两银,暗中低价收购粮食,

第三章　弃学从商扛重担

不限于高粱，还包括麦、粟、稻米等。由于竞争对手仍在打压粮价，复盛公很顺利地在极低价位上收进了近七万两银子的粮食。

到了春夏之交，范炳仁预测的旱灾灾情开始显现出来。一连两个月，滴雨未下。小麦、早稻等都遭遇炭疽病和虫灾，眼见春夏两季的粮食收成无望，包头的粮价开始迅速上涨。土默特的粮价也紧跟着上涨。而今年高粱的长势也非常不好，不用想，秋后高粱的价格也顺势大涨。乔致庸欣喜万分，他吩咐各柜，不可哄抬价格，只按时价售粮即可。

包头邱家、王家、崔家等与乔家不睦的几大商号早把粮食售空殆尽，一看粮价大涨，顿时慌了。再去乔家复盛公打听，才发现此前复盛公的高粱还颗粒未动地存储在仓库中。

这天，武大掌柜刚走到总号店堂内，粮油分店的马荀就迎了上来，兴奋地对他说："大掌柜，告诉你一个天大的好消息。"武大掌柜眉头一皱，问道："什么好消息，还天大？"马荀说："东家真是有眼光，他的计谋成了。现在包头、土默特的粮商都想从复盛公购进粮食，这粮价也是一天一涨，达盛昌邱家还准备按时价全部吃进复盛公的库存粮食。这个事情很大，要不要马上禀告东家？"

武大掌柜说："你小子倒是精明，能看出这是东家的计谋。不过还是等等吧，我看粮价还未涨到上限。东家仁厚，如果现在就去禀报东家，依照他的性格，定会同意大量出售粮食来抑制粮价上涨的，那就错失了一次复盛公翻盘的机会，再等等吧。"

直到夏末秋初，粮价都没有回落迹象。乔致庸很快发现了这个问题，他不想赚这种昧良心的钱，于是再次嘱咐复盛公及各分店掌柜说，除了邱家、王家、崔家来进货外，对其他帮助过乔家的商家和平民售粮，都不许故意抬价。复盛公的生意渐渐有了起色，包头的粮商们和老百姓也对乔致庸信奉的商业准则赞不绝口。

尽管乔致庸做生意如此厚道，但到了年底一清账，发现这一年还是大赚了一笔。除了收回去年做霸盘的成本外，还净赚了二十万两银子，濒于倒闭的复盛公终于起死回生。武大掌柜、马荀、范炳仁还有分店掌柜纷纷前来向乔致庸表示祝贺，乔致庸虽也高兴了一阵子，却很快陷入沉思。商场上，用计谋算计竞争对手实属平常，但晋商有一个优良传统：同行做生意，相助总是多于相争。商人之间尔虞我诈不该是天经地义的事，互帮互助的美德绝不能丢。乔致庸对掌柜们说："我们不能因为别人对自己不利，就不去做利商利国利民的好事。善与不善，全在于个人行为！"

乔致庸来包头一晃就一年了，他正想着把包头的生意安排好后就回家过年，与妻儿团聚。他还没有动身，就从祁县老家传来噩耗，他的妻子马氏病逝了。乔致庸闻讯如五雷轰顶，心脏仿佛被一只大手狠狠地攥住。他想飞奔回家，身子却一直颤抖，骑不了马，只能改坐马车，路上竟走了半月之久。还没等他赶到家见马氏最后一面，她的遗体就入殓安葬了。乔致庸赶到家便直奔妻子新坟，号啕嘶喊，哭得昏倒在妻子坟前，在场的人无不感受到他那份撕心裂肺的悲痛。而他为了乔家，弃学从商付出了怎样的代价，做出了怎样的牺牲，人们却难以感受到。

第四章 多元展业重人才

第一节 股制改革

包头复盛公及十余家分店在乔致庸的精心运作下虽然起死回生了，但他也感到这些店铺的发展劲头、业务拓展的能力很弱。办完马氏的丧事后，他重返包头，立刻召集总店大掌柜和分店掌柜开会，商讨如何多元化发展事业，把店铺做大做强。

会上，乔致庸双目来回扫视众人，直截了当地说："我们这些年来因循守旧，只看到眼皮子底下这点生意，一些资深老掌柜也是养尊处优，不愿再动脑子，只听得进伙计们的溢美之词。就我了解的情况，一些掌柜虽然做粮食的生意，却从不去田间地头看看，也不分年成好坏，只管照经验办事。还有，我们的生意处安尚可，处变则不足。关键问题有四——不顺、不活、不多、不大。"

众人疑惑地望着乔致庸："东家，这八个字该如何理解呢？"

乔致庸解释道："所谓不顺，就是不能顺时而变。时，即指我们所处的时代、所处的社会环境及自然环境。我们的生意在关外边陲，做的是异族、异国人的生意，可我们对他们了解多少呢？他们需要什么？我们又能从他们那里买到什么？如何根据不同的时节、不同的地方、不同的对象赚取利润？不顺时而变，怎么能成就一番事业？我们正处在朝廷鞭长莫及或者说无暇顾及的特殊市场，在包头我们完全可以凭借前辈积累的人脉和信誉，开拓其他行业的生意，比如医药、茶、醋、酒、拉面等行业。仅就茶来说，是咱大清国的出口大宗，城内渠家、榆次常家都把茶叶生意做到毛斯圪洼（即莫斯科）、欧罗巴等地了，他们能做的，我们为什么不能做？我们虽以粮油为主业，但不能被主业捆住了手脚。再说什么是活。活，不仅仅是指和气生财，还包括与大环境相和谐，要顺应大环境。我们与外国不相互沟通、互通有无，而是闭关自守，时时防备，这怎么能活起来呢？我们现在的生意是做生意人的生意，你赚我的，我赚你的，我又赚他的，银钱的流通只在这个小圈子内进行，不过是池子内水的搅动，形不成大浪。活，则是把我们的物品加工为他们需要的商品，比如蚕丝加工为丝绸绢帛，将高粱加工为酒，还有胡麻油、食醋等，通过技艺流通，互通有无，不仅减少制作成本，工钱和成本消耗也必将减少，可谓动一子而盘活全局。若格局不大，相互封锁或是私心太重、勾心斗角、唯利是图，那生意路子就会越走越窄。多，就是一个行业一个行业地摸索，在一个行业里站稳脚后，再进入另一个行业，这样有了多个行业的支撑，生意自然也就越做越大。"

各位掌柜皆赞同乔致庸的意见，同时也向他反映了一个问题：不少伙计主动辞号。

乔致庸不解，询问："为什么总是伙计辞号，而掌柜少有人主动辞号？"

对这个问题，各位掌柜不好回答，皆沉默不语。乔致庸也不再当众追问，便想在会后再找人单独谈谈。他发现，复盛公粮油分号的伙友马荀不仅精明能干，还很健谈。于是，马荀成为他单独约谈的第一

第四章 多元展业重人才

个对象。

这天,乔致庸与马荀骑马出了包头城,在宽阔的草原上策马奔驰,只觉得天高地阔,心中无比畅快。跑了几圈之后,两人在一草坡上歇下来。

乔致庸看着这个充满朝气的小伙子,想着他去年在粮油生意中的表现,对他又多了几分喜爱。乔致庸今天要找他谈两个问题:一是如何促进复盛公的全面发展,二是为何有那么多伙计主动辞号。他开口道:"马荀,我知道你在粮油分号做得不错,武大掌柜也多次让我提拔你,如果我把粮油分号正式命名为'复盛西',让你来做掌柜,你在经营上有什么好主意吗?还有没有什么生财的招数?"

马荀微微一笑,说道:"东家,我只是个跑街的,您让我给这个分号出主意,不合适吧?"

乔致庸说:"我现在是让你站在掌柜的角度去考虑问题,我不信你从来没有思考过。"

马荀沉思片刻,回道:"我要是这个分号的掌柜,头一件事就要把各分号的存量资金盘活,统一调配,灵活使用。"

乔致庸侧目看了看马荀,说道:"各分号的账目都是独立的,统一调配,做账岂不麻烦?还有,如果分号掌柜对银子的支配受限了,经营思路也必然受局限。"

马荀认真地说:"东家的这种说法在下不敢赞同。其一,统一调配资金与分号独立立账并无多大冲突,只是总部多了个账目而已,对分号掌柜来说,对资金的使用权限也没有降低;相反,如果分号掌柜有什么好的思路和项目,需要动用大笔资金,可随时向总号提交预案,一旦预案通过,总号就可给他调配更充足的资金,原来分号因资金不足、不敢涉足的行业(项目),有了总号的资金调配,自然也就敢去做了。其二,各分号的生意,一年分春夏秋冬四个标期,在这四个标期里,各分号主营的货品不同,就有了淡季和旺季,淡季时银子存放在分店,就成为存量资金。要是通过总号的统一调配,把淡季店铺的银子投放到旺季店铺使用,就盘活了,一份本钱就能变成四份,显然可以做更多的生意。做生意缺的永远是银子,无疑,银子多盘子就能做大,资金利用率高,利润自然就高!"

这个道理乔致庸当然懂,但他觉得实际操作还是会出现问题。他想了想,问道:"按复盛公店规,各分号独自经营,自负盈亏!总号调用淡季分号的银子给旺季分号使用,万一调用了不能及时归还那该怎么办?"

马荀不假思索地说:"这个简单,分号之间调用资金必须是有偿的,甲店用乙店的银子,付给乙店利息,由总号监管,如果不能如期归还,就须加倍付息。这样可进一步增强借用者的紧迫感,把每笔生意做稳做好。"

乔致庸心中暗自赞叹,一个大字不识几个的伙计,却能把这个复杂的问题思考得井井有条,于是称赞道:"你讲得不错,还有什么招吗?"

马荀回道:"复盛公在包头是数一数二的了,但我们的生意不能仅限于包头城。正如东家所说,我们还要走出包头城,在地域范围上不断扩大,还可以尝试进入更多行业,在业务范围上快速拓展,这样才能做大做强。"

此话一出,乔致庸更加高兴。显然,他把上次乔致庸的动员讲话听进去了,也思考过这方面的问题。一个肯动脑筋的员工,肯定是有发展前途的。乔致庸激动地说:"那你再谈谈如何拓展我们的业务范围。"

马荀也不客套,略一思索,说道:"无论拓展地域范围还是业务范围,都得对当地百姓的需求进行调查分析。要是咱们想把生意做到

第四章 多元展业重人才

蒙古大草原上去，先得调查草原上牧民的需求，比如，草原上的牧民需要内地的铁器、木器、绸缎、棉布、茶叶、中药、马具、面粉，内地人希望得到蒙古草原上的骏马、牛羊、皮张、奶品，我们可以从内地贩运蒙古牧民要的东西到蒙古草原，再从蒙古草原贩运内地人需要的货物到内地。如此一来，整个蒙古大草原，北方半个中国，都会成为我们的生意场。"

"好，好，好！"乔致庸连声叫好，"这个问题我们以后再详细讨论。我今天还有一事向你请教，我自认为复盛公无论对待掌柜还是伙计一向都不错，为什么时常会有伙计辞号呢？"

马荀不答反问："谁都知道东家宅心仁厚，但东家有没有想过，我们这些店铺的伙计干活不就是为了挣银子养家吗？商家之间有个不成文的惯例，若学徒期满，别家给的薪金高，就不能强留人家，强留人家等于断了人家的财路。再说留住人也留不住心，不如干脆给个顺水人情，让他走了算了。"

"你是说，伙计们辞号只因别家的薪水高？"乔致庸问。

马荀回道："也不尽然。有不少店铺招揽人才，事先都定下规矩，东家出银子，占的是银股；掌柜的没有出资，占的是身股。他们不愿意辞号，第一是因为他们的薪资比伙计们高十几倍、几十倍；第二是因为他们顶的还有身股，可参与分红，四年一个账期，能和东家一起分红，我要是掌柜，也不愿辞号。哎，为什么就不能让伙计们也按劳绩顶一份身股，到了账期参加分红呢？"这时候，马荀也豁出去了，思路敏捷，声音洪亮，吐字清楚，把复盛粮油分号的事有板有眼地说给乔东家，并表达了伙计们的强烈不满。然后，他又话锋一转："如果伙计们都能顶一份身股，参加分红，我们这些人当然求之不得，干起活来会更加卖力。不过，东家和掌柜的利就薄了，东家自然能想到这一层。"

乔致庸坦言："无论一国还是一店，要想兴旺，必须善于用人，用人就要兼顾东家、掌柜、伙计三方的利益。马荀，就拿你来说，你认为自己顶多少身股才算合理？"

马荀略一思索，回道："东家，要真有那么一天，我能顶二厘身股就满意了。四年一个账期，上一个账期每股分红一千二百两，我有二厘身股，就是二百四十两，比我四年的薪金加起来还多一百六十两，够我一家老小一年的开销了，还可以买房子置地。真有这么多银子赚，赶我走我也不走！"

乔致庸继续说："如果有一天，你的身股像大掌柜那样超过了五厘，不用再操心养家的事，你是不是就能为乔家做些大事了？"

马荀笑着挠挠头说道："东家，您真会开玩笑，我就是把吃奶的力气都使上，按眼下的店规，怕是也得再做二十年，才有机会顶到五厘身股。那时候我才能说，不用操心养家的银子了！那时想再做大事，也力不从心了呀。"事情不公平，众人有眼，马荀心里也有本账，他虽不识字，但算账是一把好手，口算心算，有时比算盘还算得准。

是啊，一个学徒三年出师，转为伙计后再干一二十年或许可能做到掌柜的位置，那时才有足够的养家钱，即使熬出头了，也有各种严苛的店规管着，不能与家人团聚，还得不到自己想要的利益。况且，大多数人是做不到掌柜这个位置的，他们拼命干活也养不起家，自然要往薪水高的地方去。乔致庸也觉得这个规矩确有一些不合理之处，不改改就不能调动伙计的积极性，于是决定对旧薪资制进行改革，同时修改店规。

没过几天，乔致庸再次召集各大掌柜和各分店掌柜商议，将包头"复"字号商号历年形成的规章制度整理成十五条。这些店规对新式招牌、账簿规式、经营范围、码头人位（职位）等都做了详细规定。

第四章 多元展业重人才

股制方面，包头"复"字号商号出资者占财（银）股，出力者占身股。身股按对商号的贡献大小而定，起点为一厘，十厘为一股。从一厘到九厘，拥有各级股数的人所拥有的权责也不一样。顶一二厘者，管理杂事，接待客商等；顶三四厘者，柜上应酬买卖，但不能管大事；顶五六厘者，是验货的行家，也了解行情，对生意能否成交有决定权；顶七八厘者，多为分店的外勤一把手或总账房，经常来往于总号分庄之间，盘点货物、核算盈亏，或奔波于天南海北，拍板大宗交易；顶九厘者，为总店大掌柜。

身股是一种用人激励机制，把投资者与聘用者连为一体，商号的兴衰与每个人都有关系，协调了股东与经理人的关系，也协调了经理人与伙计的关系，是招揽人才、创造效益的好办法。在乔家，不论财股还是身股都记在万金账上，每人一账页，写上姓名、立顶财俸、立顶身力及股数，此账只能由大先生（账房）管理，别人不准查看，具体数目年终由总号审定。学徒出师后，经考核合格可转为伙计，按照店规，由大掌柜推荐、东家决定是否顶身股，身股的份额计入万金账，作为红利分配的依据。

财股、身股改制，能激发员工的积极性。如果没有很好的机制，那些掌柜、伙计凭什么跟着东家干？股权激励机制能不能在一个商号中实施，取决于商号的经营理念和东家的思想。有些东家怀疑这种机制是否能给自己的商号带来真正的驱动和改变，担心会损害商号创始人的利益，或者影响商号的管理。这些因素导致一些东家即使明白股权激励的好处，也未必愿意付诸行动。乔致庸让每一个伙计都持有店铺的股份，大家就能把店铺当作自己的产业，尽心尽力，充分调动了伙计们对工作的积极性和责任心，产生了可观的经济效益。

第二节　广纳贤良

正当乔致庸千方百计促进复盛公多元化发展和极力挖掘人才之时，忽然听到一个消息：杨记木场失火烧毁了，留下一大片土地待售。乔致庸敏锐地察觉到这是一个机会，打算把它盘下来，于是先去找范炳仁征询意见。

范炳仁说："其实复盛公这些年吃的都是现成饭。本来有机会进一步发展，却不思进取，坐失良机。想想乔家当年是怎么由小本买卖做到大买卖的？我认为，正是因为当时善于寻找机会，对各行业都敢大胆尝试。生意由小变大，一在看时机，二在善筹谋，三也得下苦功夫。杨记木场这一大片土地，岂不是天赐良机？"

"盘下一片土地事小，只是后续规划我还没有眉目。若把这片土地交给你来经营，你会怎么安排？"乔致庸问。

"从大处着眼，从小处入手。所谓大处是要瞄准百姓的普遍需求和旅蒙客商的普遍需求，这是个发展大趋势，这里的人口肯定会不断增加，人一多，生活所需也就多了。所谓小处即指从生活中最迫切的需求做起。"

"那什么是迫切的需求？"乔致庸再问。

范炳仁说："北方壬癸为契机，寓于天地五行中。"

乔致庸微微一愣，道："怎么给我打哑谜了？我知道你说的是水字，难不成你要卖水？"

"跟卖水差不太远。生活中，人们少不了醋、酒、油。这不都是水吗？"范炳仁说：

"难不成你是想在这里制醋、酿酒、榨油？"

第四章　多元展业重人才

范炳仁回道："正是。加工制作醋、酒、油，市场需求十分稳定，投资不用太多，出产的货物又能存上些时日，如能整合那些小作坊，大批量生产，必然能闯出一片天。"

"还真是桩好生意，正合我意。不过，还得给畜牧留出一块地来，酿酒和醋的残渣可以做饲料，牲畜的粪便又可做肥料。"

范炳仁讶异地看着乔致庸，心想，东家心中早已有了规划图，哪需要我提什么建议。不过，东家有意把这事交给自己来做，还是应该把方方面面的事情考虑得更周全一些，于是他说道："东家比我考虑全面，眼下万事俱备，只是……"

乔致庸忙打断他的话："我知道你担心什么。虽然复盛公刚恢复元气，需要用钱的地方很多，但资金问题你不必担心。给你在复盛公浮存一千两银子作为前期投资，买建材和各种加工设备，这些够吗？"

范炳仁又说："除此之外，更重要的是人手。虽是作坊，这些活却都是要工夫、要技术的。"

"这个好说。"乔致庸道，"我把杨记木场的人留用十几个作伙计，再多花些银子从外面请几个大师傅。倒是你个人暂时还不好定位，只能给你发年薪。至于给你多少身股，还得看一年后你有没有成绩，够不够资格做个大掌柜。"

范炳仁接受任务后，马上拉着乔致庸一起到木场查看。他们发现，一堆堆木材全被烧成了木炭，房屋的木结构也被烧毁了，房屋顶全部倒坍，只剩下半面墙壁，也被烟火熏得黑乎乎的。

范炳仁在大灰堆中扒拉半天，然后对乔致庸说："什么都用不上了。与其说是买了个木场，不如说是买了一块荒地。"

乔致庸说："比我想象的要糟糕。场地要清理，房屋要重建……不过也好，一切从头开始，反而利于我们全盘规划。"他说完，就让原木场的员工开始清理场地。

忙活一阵后，范炳仁又对乔致庸说："既然东家把这里交给我来经营，是不是所有事都由我做主说了算？"

"那是当然。"乔致庸回道，"我现在只是一个旁观者，最多也只给你提提建议，至于你做出怎样的决定和安排，我绝不插手，只要见着效果就行。"

于是，范炳仁把几十个员工召集起来训话。他说："伙计们，我叫范炳仁，东家让我当这个木场的头，我跟大家相互认识一下。同时，把东家要投资的项目给大伙透个底。这里将不再是木场，而将建成制醋坊、酿酒坊、榨油坊，还有可能建一个小畜牧场，但现在这里是一片废墟，我将带领大伙把这里重建一番。东家说了，要让这里成为我们赚钱发财、安身立命的地方。若想达成这个目标，就得靠大伙齐心协力，拧成一股绳，不仅要吃苦卖力气，还要动脑筋想办法。如果你们中间有懂制醋、酿酒、榨油，会木工、泥瓦工以及能管账的人，不妨都报上名来，登记造册，这些有一技之长的人，不仅会给你们更高的薪水，以后东家还会给你们身股。相信我，这里是一个能发财、能让你们大有作为的地方。"

范炳仁的一番话颇有煽动性，话音刚落，立刻就有人举手报名。其中，会木工的最多，有七八个，其次是泥瓦工。还有一个会酿酒的，曾在北京一酒厂做过伙计，还做过烧锅师傅。还有一个叫马公甫的小伙子，会写字、能算账，也积极报了名（后来成为复盛公大掌柜）。

其余的人则大多是农民或牧民，范炳仁也人尽其用，把他们交给庄稼把式（很会种庄稼的人）带着。对他们说："节令不等人，为了不误农时，你们必须抓紧时间耕整西边那块地，抢种庄稼。所需农具，我会派专人负责购置。"然后他又转向木工、泥瓦工说："你们也要尽快把自己的工具准备好，马上修建作坊。在此之前，把那些倒塌的场房和那些木炭灰清理干净，木炭灰另外堆放，留作他用……"

第四章　多元展业重人才

见范炳仁讲话言简意赅,把事情一件件交代得明明白白,乔致庸不停地点头表示赞许。待范炳仁交代完,他走过去说:"范兄还真有点老板的样子。不过,范老板还得多为员工考虑。立春了,天气渐暖,雨水也会增多,我认为亟须搭建几个工棚,让大伙儿遮风避雨。"

范炳仁应道:"东家说得对,我马上派人去办。"就在他要派人搭建工棚的时候,一个木工告诉他,木场边上有一个姓滕的老板有很多空余的房间准备转让。范炳仁听后,立即请乔致庸一起过去询问情况。

原来,这滕老板是个蒙古人,他在木场旁边开了个车马店为生。因他的蒙古姓氏字数太多,称呼起来不方便,加上与汉人接触很多,便改姓滕了。乔致庸到了滕老板店里说明来意,滕老板叹了口气说:"这次木场火灾,车马店也遭了殃,被烧毁了好几间房,生意渐渐停了,而今几乎没有客人来此投宿。要将烧毁的房间修缮好,还得投一笔钱,而木场赔付的那点补偿金完全不够。现今本店的车、马、人都要养着,天天亏损,便想着把这店盘出去。可转念一想,毕竟自己经营了十几年,算是一份家业,盘出去还真有点舍不得,真是进退两难啊。"

乔致庸见滕老板人很坦诚实在,对他的处境不禁有些同情,说道:"这样拖下去也不是办法啊,滕老板今后作何打算呢?"

滕老板说道:"你们家大业大,不如把我这铺面一起租了去吧。"这对滕老板来说,是非常有利的。他可把租金积攒起来,等乔家的作坊盖好,流动客人也会增加,到时候只需维修房子,不怕没有生意做。

乔致庸一眼看穿了滕老板的用心,说道:"这虽然是个办法,但我眼下是不会租的。我想到了另一个好办法,由我出钱负责维修,等修缮好后,整个客店依然由你经营,你的人员和车马依旧归你,但房屋产业则由我收购,这收购价格请你盘算一下,如双方都觉得可行,那就成交。"

滕老板脑袋一时没转过弯来，答应先盘算盘算再答复。

离开滕老板的店后，范炳仁不解地问："东家这是打的什么算盘，我怎么捉摸不透呢？"

乔致庸哈哈一笑说道："房屋若是姓乔，几年后不管它多破旧，这片占地都是乔家的，我想在这里住多久就住多久，想做什么买卖都成，主动权在我。若是租用，不仅每年要费租钱，且租价多少、能租多久，都是别人说了算。你再想想，到底哪个划算？"乔致庸解释道。

范炳仁一拍脑袋道："还是东家想得牢靠、长远。不过，那滕老板会答应吗？"

乔致庸肯定地说："他会答应的。你想，他一分钱不用出，就可继续开店做生意赚钱，岂不比空着房屋天天亏本强得多？"

果然，第二天滕老板就找到复盛公总店去了，要求签订书面协议。

这样，几大加工作坊就正式开建了，初命名为通兴分号。乔致庸在工地待了七八天，与范炳仁一起规划场地，把临街的一面划成三大块，一块建菜店，销售蔬菜和酱菜、海货、陈醋等；一块为酿酒坊，货品多销往外地；还有一块为饭店与糕点店，与滕老板的车马店配合经营。榨油坊也在筹划中（后来衍生为复盛油坊、复盛菜园、复盛西面铺等）。

这个时候，乔家包头的生意，迅速向更多的领域渗透，经营项目包括粮食、蔬菜、布匹、绸缎、酿酒、制醋、烟草、皮毛、铁水、马匹、洗染、旅店等等。

之前选出的伙计马公甫在范炳仁负责的通兴分号当记账先生，按店规，并非所有的伙计都能顶身股，只有达到规定的工作年限和工作业绩的伙计才有资格。马公甫觉得水浅养不出大鱼，便找机会结识了复盛公总号的武大掌柜，来到了复盛公总号。

武大掌柜赏识马公甫是个人才，意欲栽培，便安排他到账房里帮

第四章 多元展业重人才

助记账。可是，账房大先生颇有排外心理，一口拒绝了大掌柜："账房里人手够了，用不着他帮忙！"账房大先生身顶八厘生意（身股），在复盛公总号也有很大的影响力，武大掌柜在账房先生面前也不能表现得太独断，准备给马公甫另行安排。可眼下复盛公一个萝卜一个坑儿，没有空位，马公甫无处可去。

但马公甫很勤快，又能屈能伸。他知道账房里不要他，便也不为难大掌柜，主动去后院里做起了下等的杂役，打扫庭院，喂马除粪……干这些活的时候，他干脆把长袍脱了，换上了短袄，俨然就是复盛公一个打杂的下等伙计。他每日早起晚睡，尽心尽力，毫无怨言。

寒来暑往，一晃就到了一个账期。按照惯例，武大掌柜要回祁县向东家乔致庸汇报账目，但因他年事已高，腿脚不便，他便想委托助手们代劳。可是，身顶八厘生意的分号掌柜们都担心汇报出差错，被东家看出破绽，影响升迁，因此谁也不敢替他去交账，你推我让，武大掌柜一时难以定夺人选。

不料，这件事在复盛公号内由上而下传开了："这么大的复盛公竟然选不出一个敢面见东家的人来！"

消息传到马公甫耳朵里，马公甫感到不解："我们吃东家的饭，给东家办事，怎么这种公事反而相互推诿呢？"

"哎哟！你如此口出狂言，知道东家是什么人？莫非你敢去见？"伙计们纷纷取笑他。

马公甫却一本正经地说："不就是报个账目吗？只要心里没鬼，如实相告，还能出什么丑不成！"他的话又从下而上传到武大掌柜耳朵里，大掌柜正愁没人，于是便把他叫去问道："莫非你真敢去见？"

"嗯，只怕大掌柜不用我呢。要用我，我就敢去。"马公甫很干脆地答应。

武大掌柜回头又和身顶五厘以上生意的分号掌柜们交谈："你们

如果都不去，我只好另派人选了。失去了这机会可别后悔。"

一番询问无果，他最后选定了马公甫去见东家。马公甫准备启程往祁县时，问武大掌柜："要是东家问我顶多少生意，我怎么回答？"

账房先生听马公甫这么一问，给大掌柜提醒："是呀！让白身子伙计去向东家交账不是自找没趣吗？不顶五厘以上生意，哪能见东家？这样做成何体统！"武大掌便告诉马公甫："如果东家问起，你就说顶五厘身股。"

于是，马公甫动身去祁县。他本来精明能干，又通晓账务，平时也留心复盛公号里的大小事情，心里有底。所以，虽是初见大东家乔致庸，但没有半点畏缩。不仅把手里的账交代得一清二楚，而且东家问起复盛公的事来，他也应答如流，口舌利落，思维敏捷，好像心里早就有一本账。乔致庸见他虽然年轻，却也不失沉稳，不卑不亢，认为他是个人才，心里便很赏识他。

乔致庸问马公甫顶着几厘生意，马公甫按大掌柜交代的回答道："顶五厘生意。"

此时，复盛公武大掌柜年龄已经不小，乔致庸正物色大掌柜人选。他觉得马公甫年轻有为，堪当重任，便有意提拔培养他，于是说道："你回去告诉武大掌柜，就说我让他再给你加三厘，顶八厘生意。"

马公甫顿时受宠若惊，武大掌柜让他顶五厘生意，只是口头说说而已，是为了应付东家的，想不到老东家当了真，还要给他加到八厘，这实在是有违常理。通常来说，要顶上八厘生意，至少得熬二十年哪！这八厘生意不仅可以在收入上多分红利，而且意味着在权力上仅次于身顶一股（十厘）生意的大掌柜了。他再三拜谢乔致庸后回到了包头，得知消息后的各店掌柜有的惊讶，有的后悔，而武大掌柜真心替马公甫感到高兴，说明自己没看错人。

乔致庸认为，做生意，有了人才，并不一定会转化为商号前进的动力。想要充分发挥每一个人才的作用，还要靠东家的"尊才重德，知人善用"，合理利用每一个人才，给他们充分施展才华的舞台。

正是由于乔致庸善于用人，从伙计到各大掌柜无不尽心尽力，所以乔家的生意得以迅速发展，也正是因为乔致庸能够打破常规用人，才使乔家的复盛公逐渐成为包头第一大商号。

第三节　吸纳专才

范炳仁的通兴分号建起来后，效益非常好。尤其是白酒生意，在包头一带需求量大，市场广阔。范炳仁想把酿酒作坊再次扩大，但他知道，现在号里没有上等的酿酒师傅，所酿的酒质量并不高，全赖价格低廉、市场空虚，若没有一家技艺更好的酒坊，自己的生意恐怕难以为继。而且榨油作坊已建成，只等收购原料。为这两件事，范炳仁专程跑了一趟祁县，向乔致庸汇报。

乔致庸丝毫不顾他长途奔劳，没好气地说："我已经跟你说过，你是通兴分号的掌柜，凡事不必征求我的意见。第一件事，你自己看着办，花多少钱，请什么样的师傅都是你的事情；第二件事，我也只提醒一下，不能打压价格，要尽量让利于民。只要不失仁义，具体如何办，也全由你自己做主。"

范炳仁意识到了，乔致庸之前说的话绝非一时兴起，而是掷地有声的。这次风尘仆仆前来，完全是自找苦吃。但他想，这一趟不能白跑，不如到周边几个酒乡看看。山西的白酒在大清可是享有盛誉的，当时最有名的三个酒乡是蒲州、太原、潞州。潞州和蒲州距离祁县太远，也不顺路。范炳仁心想：返程回包头，正好经太原，在那儿歇脚，看能否寻访到几位酿酒师傅，最好进到当地有名的桑落酒的酒坊看一下。

若不能进去，那就多买一点桑落酒来品品。

范炳仁路过太原，几番打听，很容易就找到了产桑落酒的大酒坊。正如他预料的一样，人家根本不让他进，即使范炳仁说是来联系业务的也不成。他便在大酒坊四周转悠，见有进饭馆喝酒吃饭的人，就迎上前与人搭讪。他的运气还不错，在附近的酒肆，还真遇上了一胖一高两位酒客。范炳仁给他们送上一壶酒，就与他们攀谈起来，话题自然是谈这桑落酒了。那个稍胖一点的汉子说："这里喝的桑落酒并不正宗。"

范炳仁不解，问道："此话怎讲？"

高个汉子忙说："这兄弟不会说话，请见谅。他的意思是说我们喝的这酒是用新方法酿造的桑落酒，以前的桑落酒主要产自蒲州，酿造古法秘而不宣，已经失传了。"

"那新酒与老酒又有何不同呢？"范炳仁问。

胖子男这才解释道："正宗老桑落酒加入鲜桑椹原料，相对黏稠，味略甘，此地的新酒则没有桑椹成分；老酒取用河水，而新酒用的是井水。不过，这新酒也很不错，清澈明亮、清香纯正，酒体醇厚、入口绵甜、回味较长。"

看得出来，胖子男不仅好喝酒，还是个懂酒之人。不过，范炳仁意不在品评美酒，而是要寻访能酿造美酒的师傅，于是又问道："这位老兄真是个行家，不知是否知道擅长酿酒的师傅？"

见胖子男摇头，高个男说："桑落酒坊的师傅我们不知，但我们知道的太原酿酒师傅可不少，最有名的当属老郭家，他家的酒一点不输当年的桑落酒。"

范炳仁惊喜地问："那郭家在何处？"

胖子男这下抢着说："郭家的老栓在家养闲，已经不酿酒了，生意全部交给了他的儿子郭栓儿。前两年，听说包头的生意好做，就去

第四章　多元展业重人才

包头开酒坊了。"

"你是说老郭的儿子郭栓儿去了包头？"范炳仁显得很兴奋。得到肯定回答后，他立马起身赶回包头。事情很顺利，范炳仁不仅轻而易举找到了郭栓儿的酒坊，还成功地将他说服，花大价钱把他的酒坊买下纳入复盛公旗下，郭栓儿也成为通兴分号的酿酒师。

更有趣的是郭栓儿有个同乡叫杨润儿，听说他和他的酒坊并入复盛公后，既不解，又有几分羡慕。杨润儿是个细心人，小时候学艺便比别人多个心眼，总比一般伙计学得快、学得好。后来来到包头自己开油坊，收货销油，总比一般油坊的生意好一些。现在，看到郭栓儿的酒坊换成了复盛公的牌子，他又琢磨：这郭栓儿到底是怎么回事？他的酒坊为什么要给复盛公呢？复盛公又为什么要收他这个酒坊呢？杨润儿思来想去，也想不透其中道理。而郭栓儿近在邻巷，百思不如一问，杨润儿当晚便去了郭栓儿的酒坊，探听究竟："郭掌柜，你这葫芦里到底卖的什么药？你的酒坊本来挺好的，怎么给了复盛公呢？"

郭栓儿一听这码事，咧咧嘴笑起来，一脸得意之色。"杨掌柜，你也是精明人，这件事我不用细说，一点你就明白了。你说复盛公的买卖如何？正在兴头上呢！你知道复盛公的那班小掌柜怎么了？都顶上身股了！你知道他们一个账期能挣多少银子？八百余两银子！这比咱带上本钱、带上手艺开个酒坊还强呀！而且，复盛公还在发展呢，他们的身股还会往上加呢！可咱们的酒坊、油坊呢，能有多大的奔头？"

"噢，原来是这样！"杨润儿明白郭栓儿为什么要投靠复盛公了，频频点头称是。但他还有一事不明白："那复盛公为什么要收你这个小酒坊呢？"

郭栓儿沉思了一下，说："我猜呀，一来，咱现在的酒坊也赚钱，不会牵累复盛公；二来，复盛公可能要扩大这酒坊。咱自己折腾，终究是这一亩三分地，可人家有本钱、有销路，又有声誉，就能把这酒坊办大。"

这么一说，杨润儿全明白了，满腹的疑问消失了，三分变成了遗憾，七分变成了羡慕。

"郭掌柜这一招真高呀！"杨润儿一边说着，一边竖起大拇指，"小弟真是自愧不如，自愧不如！高！高！这一招真高！"

杨润儿感叹着，赞叹着，心里满是羡慕，也暗自想着：如果郭栓儿能帮忙引荐一下他杨润儿，他或许也能……

"杨掌柜也觉得我投靠复盛公合算？"

"那当然呀！俗话说'背靠大树好乘凉'嘛！"

"如果连杨掌柜这么精明的人也这么看，那我就更放心了。"郭栓儿此时更得意了。

"唉！"杨润儿恭维了一番郭栓儿，自己则开始叹气了："可惜，我就没有你的这份运气。"

得意中的郭栓儿也正是慷慨的时候，见杨润儿这个样子，便热情地问："莫非杨掌柜也愿意像我这样？"

"如果郭掌柜能从中帮忙，我求之不得呀！"

"你如果有此心，那你回去合计合计，赶紧拿定主意告诉我，我就给你向范掌柜捎话。兄弟有所不知，那乔大东家把一切事宜都交给了范掌柜，无须向东家汇报，范掌柜就能做主。事不宜迟，如果其他油坊的掌柜说到前头，事情就不好办了。人家复盛公即使要收油坊，也只要一个油坊和一个油坊掌柜就够了。这事呀，谁走到前头谁成。"

两人议了一阵，杨润儿便告辞出来了。他在回油坊的路上边走边想：要能靠上复盛公这棵大树，钱不愁了，销路不愁了，也不怕被谁

第四章　多元展业重人才

欺负了，省多少心多少事呀！而且，自己的收入不仅不会少，还会多呢！他所经过的路段，正是复盛公的后院墙，这后墙雄而威，高而长，在夜色中给人一种威慑感，也给人一种力量。

杨润儿转而又想：如果别家油坊先他一步投靠了复盛公，自己的油坊就处在了与复盛公竞争对立的位置上，那时，自己面临的处境将不堪设想……想到这里，杨润儿戛然止步，定了定神，望了望复盛公的后院墙，回转身来，回到郭栓儿的酒坊门前敲起来。

此时，郭栓儿刚准备睡觉，听到敲门声便披衣裳起来了。

"郭掌柜，刚才说的那件事，我已经合计好了，拜托你明天就给我捎话吧！拜托了！"杨润儿说罢，抱抱拳，转身又走了。

第二天，杨润儿的话便捎到了范炳仁掌柜这里。

范炳仁掂了掂这话，也掂了掂杨润儿这人。身为复盛公"六陈行"的掌柜，范炳仁对包头各个油坊也十分熟悉，杨润儿经常给他的六陈行供货，所以他对杨润儿本人和他的油坊也相当熟悉。论榨油，杨润儿的胡麻油是出了名的；论为人，杨润儿在包头的油行中也有不少称道的地方。既收了一个酒坊，再收一个油坊也是顺理成章的了，毕竟油和酒都是六陈行的大项呀。不过范炳仁还是觉得如此大手笔自己独断有些不妥，想与乔致庸商量一番，于是他告诉杨润儿，油坊目前还未修造完成，让他回去等消息。

入秋后，乔致庸返回包头，准备对乔家在包头的生意做些调整。杨润儿听说复盛公的大东家来了，于是他把这话又捎到了乔致庸这里。

乔致庸听了他的介绍，又找到范炳仁问："油也算六陈行的买卖，你先拿个意见，收还是不收？"

"我看，以杨润儿的技术，再加上咱复盛公的本钱和销路，这油坊会有一个大发展。而且，油这东西比酒更有市场，是个长盛不衰的买卖。"

乔致庸听完，又点了点头，眼中流露出赞许之意。其实，在知道范炳仁并购郭栓儿的酒坊，厚待郭栓儿，给他足额的银子，又给他顶身股时，他就料到了这种事会接连到来。诚意待人，自然会得到更多的收益，前因后果，春种秋收，这是自然之理呀！

于是，乔致庸微笑着说："那咱们就收！法子，还是并购酒坊的法子，事情还是由你去办。来年算总账，盈了，算你一功；亏了，算你一过！"

于是，这件事又成了。杨润儿的油坊也换上了复盛公的牌子，杨润儿本人则成了复盛公旗下的一个小掌柜。

杨润儿的油坊也和郭栓儿的酒坊一样披红放鞭，"嫁入"复盛公，成为复盛公旗下重要一员。

同时，乔致庸抽调出一批年轻人，准备以包头为中心，向蒙古、俄罗斯腹地探索一条新路子。

两个月后，乔致庸安排好北进的事宜，心便闲了，他在复盛公总号品着几口茶，颇为得意地想着郭栓儿和杨润儿的这两件事：这真是心想事成呀！包头的酒、油产业还没来得及去办，人家倒送上门来了！自从自己接手复盛公以来，真是一顺百顺事事顺，时来运转了。想到这些，乔致庸不禁暗暗感激神明对他的保佑，同时也暗暗告诫自己：切不可沾沾自喜，把这些运气浪费掉，要趁这些运气谋求更大的事！

乔致庸把复盛公及分号的事情处理完后，在年尾回到了祁县老家。处理祁县德兴公商号的事情也是刻不容缓，于是他把曹管家和乔家在中堂杨总账房请来，商讨改组德兴公事宜。

乔致庸首先提出自己的设想：德兴公商号拟改为大德兴丝茶庄，主营绸缎、茶叶。

曹管家说："河东和上党曾是传说中嫘祖育蚕、嫘祖煮丝的地方，汾河流域、黄河流域及太行山、中条山腹地，良种老桑遍及山村野泽。

第四章　多元展业重人才

而祁县往东关、太谷、榆林至京津方向，主要由渠家、元家等大户掌控，如今太平军作乱，这条道也不通畅。不知东家打算如何做？"

乔致庸说："大哥生前在南方不是还有一批货滞留在产地吗，虽茶叶陈旧了些，但多少还能卖点钱。再者，可旧货换新货，即使有折损，也不用我们再掏银子。至于丝绸，当无太大折损。当务之急，就是要把这条商道打通。"

曹管家不好意思地说："东家，我如今已年过半百，只怕不能跟随东家走南闯北了，这个大德兴掌柜只怕得换人了。"

乔致庸说："曹管家，您既是掌柜，又是在中堂管家，一人做着两份工，是乔家愧对了您。往后致庸不会让您太劳累，您就管着在中堂事务，大德兴再聘请一个掌柜，还要聘十个押运护卫。来年春，我要亲自下一趟江南。"

三人正说着，董氏的丫鬟来了，对乔致庸说："二爷，大奶奶请您过去一趟。"

乔致庸愣了愣，说道："我正与曹管家、杨大账房议着事呢，不知大嫂找我有何要事？"

丫鬟看了几人一眼，又道："大奶奶说了，这个事比任何事都要紧。"

大嫂董氏的话，对乔致庸来说，丝毫不亚于"圣旨"，他不敢违逆。他对两位管事拱拱手，转身去了内堂。

乔致庸给董氏请了安，问道："大嫂叫致庸来，不知所为何事？"

董氏已年近半百，精神头依然很好。她让丫鬟给乔致庸泡好茶，然后才缓声道："这头一件事，也是我方才听说的，说你打算亲自去江南，打通丝茶商路。"

乔致庸也不想隐瞒："是的。大哥几年前在浙闽进的货还没处理妥当，另外，大德兴要想彻底翻身，不做丝绸茶叶生意怕是难有出路。"

董氏说:"我不懂生意,只是乔家如今初有起色,而南方战事未缓,你有必要亲身犯险吗?"

乔致庸道:"南方虽乱,但我只是个商人,无论官府还是太平军,都不会把我怎么样,大嫂尽可放心。而且,我觉得越是有风险,也越会有商机。做生意不冒险定然不会有大的起色。"

董氏说:"我只是担心你的安危,生意上的事情我不会过问太多。但有一件事,我还是得问一下,就是借用高家的那五万两银子还人家了吗?"

"还了。"乔致庸说,"本来是三年账期,还未到期就还了。"

"那你付息没有?"董氏问。

乔致庸回道:"付了,是按三年付的息。高家在我们乔家危难之际伸出援手,我又怎能不感恩戴德。"

"那就好。"董氏说,"不过,你还得跟李妈再去一趟高家。"

"什么?"乔致庸不解道,"去高家没什么要事,我这段时间又特别忙,能不能……"

"不能。"董氏一脸肃然道,"去高家是头等大事,一日不得缓。"原来她已经给乔致庸提了亲,是高家的三女儿。说好年底娶过门,而乔致庸这些日子忙于各方生意,还没回应这门亲事。

乔致庸一听是这么回事就急了:"我还没考虑娶继室的事呀。再说,我比那高家三姑娘少说要大十四五岁,这怎么好……"

"怎么,人家不嫌弃你,你倒还有说法了?"董氏不客气地打断他的话,"你把岱儿过继给我,就只有景仪一个独子了,如不再娶,乔家就算生意再好,也没有子孙满堂之乐。我已经和高家谈好了这门亲事,如果你不亲自上门拜访请婚,高家会怎么想,又让人家姑娘脸面往哪搁呢?"

第四章 多元展业重人才

　　这确实是个大事，马氏过世后，乔致庸一直忙于生意，从没有考虑过续娶的事情。现在大嫂做了这个主，他哪能抗拒？况且这都是为了他好，也是为了乔家好。乔致庸只得备了重礼，与李妈一道去高家择定佳期。半个月后，乔致庸迎娶高氏过门。

漫漫商道艰难路

第五章

第一节　南下武夷山

转年春，乔致庸迎娶高氏后不到一个月，便要下江南以疏通南北丝茶商路。大嫂董氏、新婚妻子高氏都劝他不要亲身犯险，但他心意已决。因是生意上的事，董氏、高氏都不好说什么，只叮嘱他一路小心，凡事不要太勉强。

乔致庸对高氏说："你不该嫁为商人妇，我怕终将负了你。"

"老爷不必这么生分。"高氏说，"我本出自商家，哪不知商人的愁苦，只是没法帮到老爷，只望早去早归。"

乔致庸领着二十几人出发时，董氏、高氏都出村相送，乔致庸远远地回头望，心中好一阵酸痛。为何好似生离死别呢？

此时太平军起事已五年，战火燃遍半个大清国，上至官府高官，下至黎民百姓，有多少人流离失所，有多少人在战乱中横死！仗已打了这些年，太平军定都天京后势头更盛，而年近四十的乔致庸将穿越两江（江西省、江南省）火线前往闽浙，可谓前路漫漫、凶险重重。

为了这次南下，乔致庸事前做了各种准备，并在东关街的地摊上

第五章　漫漫商道艰难路

花大价钱买了一张蓝印《皇舆全览图》，不知准不准，但至少可知个大概。与一般《皇舆全览图》不同的是，这图上有两种不同颜色勾画出的路线。乔致庸看着这路线反复思索，最终才弄明白，这两条路线一条是茶路，一条是丝路，显然是哪个商人用过的。乔致庸如获至宝，把它当作了这次下江南的指南。

乔致庸一行人的第一站是潞州。唐宋年间，潞绸成为宫廷奉品。彼时苏浙丝绸业尚不发达，丝绸之路贸易输出的主要是潞绸。明代，朱元璋第二十一子朱模就曾在潞州设织染局，促进了此地丝织业的繁荣，潞绸成为颇享盛名的三大丝织品之一，时有"南湘江，北潞安，衣天下"的说法，潞州丝绸也一度风靡朝鲜、南亚、中亚诸国。

乔致庸知道，大哥乔致广生前就有意在潞州设立分号，后因生意出现危机未能如愿。他问随行的杨总账房："如果在此设一个百台织机的丝织坊，得花多少银子？"

杨总账房听到乔致庸这突兀一问，愣了一下，回道："东家，以现今潞州行情，十万两左右方可。"

乔致庸又问："从苏湖购进一万斤缫丝原料，运至潞州，又需要多少银两？"

杨总账房苦笑，说道："东家您这是给我出难题了，我只知如今我们祁县丝茶生意做得好的是渠家，还有太谷的曹家、榆次车辋村的常家，他们每次下江南，少说要带上三五万两银子。至于究竟要用多少，让他们几家的账房来回答您，也未必有确切答案。"

乔致庸略带歉意地笑笑说："杨先生莫怪，我只是突发异想罢了。"

杨总账房说："东家为了实现货通天下的目标，可谓殚精竭虑，我这账房效不了多少力，也是惭愧得很啊。"

"怎么说都是我心太急，恨不得马上在沿途各商业重镇都设一间乔家的店铺，说起来是不是很可笑？"

"东家胸怀天下，我等小伙计听了都热血沸腾，对您敬佩之至，东家怎说可笑呢？"伙计程之善插嘴说。

乔致庸看了这个年轻的小伙计一眼，问道："你是刚招入大德兴的护卫吗？"

程之善说："回东家话，我进大德兴丝茶行还不到两个月。不过，我叔是大德兴的老人了。"

乔致庸问："你叔是谁？"

程之善向乔致庸身边靠了靠，说道："我叔叫程忠美，是全美老东家当家时进的大德兴，致广东家当家时，被派往江南为大德兴收购丝茶，因战乱被困在江南四五年，虽也有书信，但迟迟未能回来。"程之善面露担忧。

这程忠美及侄子程之善都是乔致庸奶奶程金环的娘家后人，与乔家算是远亲。程之善的伤感影响到了乔致庸，但乔致庸无法表达自己此时的心情，只安慰程之善说："说起来，我是见过你叔的。他吉人自有天相，这次去武夷山，我定要将他找到。"

程之善重重点头，他对乔致庸是绝对信任的。

乔致庸一行二十几人过了黄河，第二站便是在赊旗店歇脚。赊旗店是一个很有故事的古老城镇，别的且不说，它这个名字就是由汉光武帝刘秀赐予的。自汉以后数个世纪，赊旗店商业昌盛，市场繁荣，发展成为南船北马运送货物的集散地。去年，此镇内的八大粮行日交易小麦、高粱、玉米、绿豆、大米数十万斤；镇上广设布行、染坊，最大的一家染坊可日染青蓝布三百多匹。

对这样的商业集镇，乔致庸自然要多逗留些时日。刚到此地，他就去了山陕会馆。这山陕会馆在此地也是大有名堂，它坐落在城中心的瓷器街口，占地十多亩，是山西、陕西的大商人们出资合建的，一则作为同乡聚会的乐园，二则为了逢迎官场事务。馆内红墙绿瓦，雕梁画栋，很是壮观。修建时所用的巨木瓷瓦全从山西、陕西运来，下面铺的青石，就耗费银子几百万两。春秋楼是会馆的招牌建筑，名字来源于"关公夜读《春秋》"。

乔致庸并不认识会馆的什么人，只是借着"老家人"的名义，在会馆的所属旅馆歇脚而已。他安排好众人食宿后，便去广盛镖局拜访。

广盛镖局的老舵主戴隆邦，是祁县小韩村人，青年时已成为远近闻名的武术师，后到赊旗店镇开设镖局，声名大振。广盛镖局是华中地区唯一的大镖局。戴隆邦为人谦恭豪爽，重义轻利，一诺千金，深受商人和江湖人士的拥戴。其时，赊旗店广盛镖局的总镖头是他的二儿子戴二闾。戴二闾字义熊，乳名二驴，二驴功成名就之后，人们认为如此称呼他太过不雅，便改"驴"为"闾"，以表敬意。但戴二闾也有七十几岁，广盛镖局的实际主事人是第三代传人戴良栋，他从小拜在其族长辈戴二闾门下学艺，尽得其真传，也是远近闻名。

乔致庸作为同乡晚辈，拜访了戴二闾。意图有二：一是广盛镖局与乔家过去有过业务往来，来拜谢一下；二是此次下江南需要镖师保护，想请戴二闾给予一些帮助。

戴二闾笑道："当年几大晋商为了实现货通天下的梦想，北到大漠，南到南海，东到极边，西到蛮荒之地，可真正做到货通天下的少之又少，莫非乔东家也要这样？"

乔致庸慨然道："舵主说得对！晚辈乔致庸原本只是个书生，如今既然做了商人，就要有晋商前辈的胸怀和目标，只有货通天下，才能为天下生财、为万民谋利。晋商前辈能走到的地方，乔致庸在这十年间，也一定要走到！"

戴二闾问："乔东家还真有气魄。那'货通天下'又是哪些货呢？"

乔致庸沉吟道："天下最大的生意，莫过于粮、油、丝、茶、盐、铁六大类，粮油生意不是乔家的本业，盐铁为朝廷专卖，剩下的大生意，就只有丝和茶了！"

戴二闾依然嘴角挂笑，道："可现在的情形是，江南的丝路不通，茶路也不通！"

乔致庸眉梢微微挑动，神色依然淡淡，赔着笑说道："戴师傅，天下人皆因为这个理由而不敢去南方疏通茶路，所以才给我留下了一个巨大的商机。如果我也像他们一样想，这个巨大的商机还会是我的吗？去武夷山贩茶，重开这条茶路，可让沿途数万茶农有活路。不知戴师傅的广盛镖局敢不敢接我这趟活？"

"敢问乔东家，兵荒马乱已数年，谁还敢下江南开商路？纵然是官府大员，性命也是朝不保夕，又有哪个镖局敢为人作保？不过，看在与乔家交情的分上，倘若乔东家遇到了什么麻烦，需要让镖局疏通疏通，我们还是不会推辞的。"

镖局委婉拒绝了接这趟活。乔致庸心里哪不明白，平常无论官府还是盗匪，多少都会给广盛镖局一些情面，但太平军、捻军会给吗？一句话不投机，就会撕破脸皮，打起来也将是两败俱伤，损失是可预见的。乔致庸不好勉强，从镖局出来，不免有些沮丧。

然而，开弓没有回头箭。哪怕前路危险重重，他乔致庸岂会退缩？他没有犹豫，当天租了十只货船，带领众人坐船从唐白河南下，在襄阳入汉江。三日后的晚上，船队到达汉口。

当时汉口是清代东西南北水陆交通的大枢纽，由于康熙即位后采取了一系列"恤商""利商便民"的有效措施，清代的商业迅速繁荣，市场不断扩大，出现了南货北运、北货南运的大交流景象；作为九省通衢的汉口，物流量大增，人流量大增，银钱的流量也大增。于是因路兴商，汉口成为中国清代的商业重镇。广东的糖果、洋货，安徽的笔、墨、纸、砚，江西的瓷器，福建的茶叶，江苏的丝绸，云贵川藏的药材，

第五章　漫漫商道艰难路

湖南湖北的砖茶，山西、陕西商人的皮毛、马匹、药材，等等，各地的特产云集于此，商界的精英会聚于此，各大商号的分支机构立足于此。于是，汉口得到了空前的大发展。

但是三年前，汉口和对岸的武昌都被太平军占领。乔致庸只能让船队停靠汉江边上，派人趁夜上岸探听情况。第二天清晨，探听的人给乔致庸带来好消息：湖北新任巡抚胡林翼在年初收复了武昌、汉口，两岸秩序恢复如初。

"买不完的汉口，装不完的河口"。这一天，乔致庸忍不住上了岸，转遍了汉口的大街小巷和大小商号，耳闻目睹后，这个走过西口的商人大吃一惊！这里一块砖茶的价格是归化（今呼和浩特）城的一半，乌里雅苏台的四分之一，科布多草原的八分之一！而一匹马的价格是归化城的两倍，乌里雅苏台的四倍，科布多草原的八倍！这样的利润空间哪个商人能不心动？乔致庸面对着长江，他的心胸豁然开朗了，他的脑筋开窍了。他心潮澎湃，如同长江的浪潮。在他心中，已经做出决定：先是将福建、江西、安徽的茶叶运至汉口，再加工、分装、储存，运往口外销售。

不过，这还只是设想而已。汉口也只是短暂的平静，长江下游两岸依然是战火纷飞、硝烟正浓。船队顺长江而下，乔致庸提醒船家，这一带是太平军占领区，务必小心观察。可刚离开汉口，就听见一阵巨响。众人以为是炮声，惊惧地躲进船舱里去了。过了好一会儿，才发现是春雷带来一场大雨。天地一片灰蒙，船家辨不清航向，无法前行，风雨中船只剧烈摇晃，几个时辰后，雨才停。

又过了一天一夜，船队终于抵近鄱阳湖口。湖水清浊分明，颇为壮观。船家正要驶入湖口，就见迎面一支庞大的战船队伍疾驶而来。这下，众人更是心惊肉跳。好在这支战船队伍并没有理会他们就扬长而去，众人这才舒了口长气。后来得知，兵部侍郎、湘军统领曾国藩被太平军困于南昌,双方在鄱阳湖大战了一场,湘军水师联合增援官军击退了太平军,才将曾国藩解救了出去。

不知过了几天,货船队从北向南穿过鄱阳湖,最后驶入信江。船家这才兴奋地告诉乔致庸:"我们已经过了太平军的地盘啦!"

乔致庸出了船舱,站立船头,见信江两岸风光绮丽,感慨道:"背山临水,读书饮茶,或顺信江漂游,或泊船水面,边开宴畅饮,边观赏风景,可谓人生一大快事啊。"

船家告诉他,这种情景古已有之:河口因地处闽浙赣交汇处,有水运之便,形成货物集散地,有"八省码头"之称,尤以茶、纸、铜三宝蜚声中外,各地客商蜂拥而来。往昔,富商们泛舟河上,边游玩边宴饮。乔致庸听了更是心生羡慕。

在信江上,船队行进数日,才抵达此次南行的终点河口古镇,这里便是船家口中所说的"八省码头"。这天清晨,乔致庸一行人在此登岸。这时,一个中年男子大步迎上前来。程之善眼尖,一眼就认出来:"叔叔!"他激动地对乔致庸说:"东家,这正是我家叔叔。"来人正是大德兴的伙计程忠美。他向乔致庸一行人连连拱手道:"盼星星,盼月亮,总算把你们盼来了。"当他得知乔致庸是东家时,又给他行礼:"东家千里奔劳,辛苦,辛苦了!"

乔致庸拉起程忠美的手,亲切地说:"听说程先生为我乔家被困在此已有四五年了,那才叫辛苦。不知先生一向可好?"

程忠美忙说:"还好,还好。只是归家心切,却无法带着钱货回去。因先前有一批货中途被劫持,我不敢冒险踏上归程,无法回去跟老东家复命,只得在此苦苦候着想办法,等待机会。"说完,他领着乔致庸一行人歇息,并即刻安排前往武夷山。

两日后,乔致庸终于到达武夷山。到了山下,就见三人迎面向他们走来。程忠美对乔致庸说:"东家,这是景隆号茶庄的邹老板。"

第五章　漫漫商道艰难路

他与邹老板关系不错，赶紧把乔致庸介绍给邹老板。两位老板客套一番，正要去景隆号茶庄，却见一位老人拎着一面大铜锣，一边猛敲，一边高声喊道："有人来买茶了！老天爷开眼了，让西客来我们这里买茶了！""西客"是对山西大茶商的特称，以前每有西客来，都大量收购这里的茶叶，"西客"非常受这里茶农的欢迎。

听到老人的叫喊声，附近茶农纷纷从家里跑出来，男女老少都喜形于色。沉寂了几年的山村顿时沸腾起来，人们议论道："来了这么多西客，这是要买多少茶叶啊，茶农有活路了！"

大茶商邹老板也很热情，领着乔致庸一行人，从夹道欢迎的茶农中间走过，去他的茶庄洽谈生意。景隆号茶庄位于梅溪东岸芦下巷，是邹家前辈邹茂章挣了第一桶金后扩建的豪宅，也是一些晋商初来乍到的落脚点。

乔致庸一行人来到了景隆号茶庄，邹老板安排耿大掌柜和乔致庸、杨总账房、程忠美几人商谈具体事宜。耿大掌柜亲自为乔致庸几人捧茶，热情地说："乔东家、杨先生，两位一路辛苦，请先品品今年的好茶。程先生是我的老朋友了，在这里千万别客气。"

乔致庸起身，双手接过茶碗，说道："耿掌柜如此客气，致庸得罪了。"

耿大掌柜说："乔东家，不是我客气，这里的风俗就是，凡西客来，必捧上最好的茶。当地人祖祖辈辈以茶叶作为唯一的养家糊口和对外交换的商品，但要把深山的茶叶销售出去实属不易，茶农辛苦一年，往往还是衣食不保。我们邹东家自曾祖辈起就开始做茶叶生意，就是希望能帮茶农们谋条活路。后来幸得与晋商精诚合作，开辟了万里茶道，这才让茶农的日子好起来。可是自从太平军断了长江，打进鄱阳湖，茶路不通，茶农的生路也就断了。在这四五年里，茶农制的茶卖不出去，堆在库里烂掉，许多人家日子过不下去，逃荒要饭，流离失所，卖儿卖女的也大有人在！而今你们一来，茶农又看到了盼头，怎不把你们当救命之神啊？"

闻言，乔致庸感到惭愧，于是忙岔开话题说："武夷山的茶闻名于天下，可我初入茶市，是个外行，不知哪种茶堪为其中之最？"

耿大掌柜连忙介绍道："武夷山的茶也分为正岩茶、半岩茶、洲茶、外山茶四大类，不下十个品种。但是要说哪种茶最好，给您沏的这大红袍是最好的。"

乔致庸端起茶来品了一口，称赞道："这大红袍果然是上品，香气浓郁清长，味浓郁而鲜。好茶！"

耿大掌柜说："乔东家越山涉水，不远千里来到武夷山，足见乔东家的诚意。因此，我未请示邹东家，就先开个价，头品大红袍，按过去与常家、渠家交易的价格打八折，其他稍次各品一律对折。"

乔致庸愣了愣，将询问的目光投向程忠美，见他点头，便对耿大掌柜说："大掌柜给我这么大的优惠，岂不是要做亏本生意？"

耿大掌柜说："我们都是生意人，给您个低价，也是先卖个人情，希望你们明年还来武夷山买茶，救我们这一方的百姓！"

"邹东家、大掌柜的坦诚令我感动，我也是想找个长久的合作伙伴，今将所有银两留在这，能买多少茶就买多少。不过，这些茶须加工成砖茶。"随即，他又补充说，"头一次和邹东家合伙做茶货生意，希望将一斤重的茶砖都做成一斤一两的，多给客人一些，也可多买些茶。"

邹东家闻言，感动地说："乔东家真是厚道啊！"

第二天，乔致庸便带上杨总账房、程忠美、程之善去邹家的岩茶焙坊和压制包装作坊参观。作坊在山南下梅村，茶农们听说西客要去参观，自发地找来滑竿，要把他们几人抬过去。乔致庸极力推辞，可耿大掌柜硬是将他按在滑竿椅上，并亲自抬起滑竿来。

第五章 漫漫商道艰难路

程之善叹道:"我这个小伙计一夜之间变得比大掌柜还威风了,这是何等殊荣啊!"

乔致庸笑着对他说:"可别得意,若是往山下一瞧,就会是另一种感受了。"

程之善真的侧身低头往山下看去,只见峭峰林立,深壑陡崖,幽涧流泉,迷雾沛雨,难见谷底,而来自谷底的风令人汗毛倒竖,让他不由地打了个冷战。他将目光投向山腰间的一片兰花,它们天姿神韵,端庄素雅,生长在这里,不为人所知,不为人所赞,却默默地芳香四溢。

乔致庸在岩茶焙坊和包装作坊认认真真看了一个多时辰,心里有了一个完整的规划:精选、收购茶叶的同时,在此自行创立茶坊、茶库,雇用当地茶工百人,将散茶精制加工成砖茶,便于收藏,再用车马运输至河口古镇码头,水路运经信江、鄱阳湖、长江至汉口,沿汉水运至襄樊,转唐白河,北上至河南赊旗店。而后雇请马帮驮运北上,经洛阳,过黄河,越太行,经晋城、长治,至祁县子洪口。

没几天,乔致庸购买的茶货就全部加工包装好了。他与杨总账房商议,是否能兵分两路,一路将茶运往赊旗店;一路去"丝绸之府"湖州,考察丝绸行情。

杨总账房劝道:"湖州离此地尚远,而且那里在太平军的势力范围内,现在去怕是凶多吉少。而且,这边的茶货运输也是个大事,东家交给谁能放心呢?"

乔致庸听闻,觉得自己真是操之过急了,他不知道自己何时有了这急躁的毛病。于是,他放弃了去湖州的打算,安排人手将砖茶从下梅运至河口装船。

《茶市杂咏》中记述:"清初茶市在下梅,附近各县所产茶,均集中于此。竹筏三百辆,转运不绝。茶叶均系西客经营,由江西转河南运销关外。西客者，山西商人也，每家资本二三十万至百万。货物往还络绎不绝。首春客至，由行东赴河口欢迎。到地将款及所购茶单，点交行东，恣所为不问，茶事毕，始结算别去。"武夷山河口码头便是南北万里茶路的起点。

乔致庸把货装上船后，正准备去向邹东家、耿大掌柜等人拜谢告辞，却不想邹东家先来找他了。邹东家对他说："有个尊贵的茶客欲与乔东家一见，不知乔东家可否前往？"

乔致庸心中疑惑，但还是点头应道："既然邹东家引荐，那自然是要一见，只是不知是哪位贵客？"

邹东家未答话，将乔致庸领进一竹屋内。乔致庸扫过一眼，见竹屋内陈设简单，仅一套竹木桌椅、一个书架、一套茶具而已，却因竹而显得极为清幽。只见贵客一人独坐于竹椅上，看上去年龄比自己稍长，四十上下的年纪，眉目清俊，表情严肃。见乔致庸进来，他缓缓起身。邹东家对他说："先生邀见的西客乔东家来了。"这位贵客朝乔致庸拱拱手，道："乔东家好，且莫怪我这个'湘上农人'冒昧。"

"在下山西茶商乔致庸，敢问贵客是？"乔致庸一边还礼，一边问道。

客人笑道："不是贵客，不是贵客，只是个'湘上农人'罢了。鄙人与邹东家是老朋友，今来此闲坐，听说乔东家不避艰险、不远万里来武夷山购茶，又将一斤的砖茶做到一斤一两，真是救茶农于水火！乔东家此举，令鄙人十分感佩，想必乔东家是有情义之人，故相邀品茗述怀。"

乔致庸道："先生过奖了，在下不过是为微利而奔波，也给茶农们带来点方便而已。"他不知客人底细，只能随口应对。

湘上农人道："鄙人虽为乡野村夫，但对晋商还是有所耳闻，乔家、渠家、常家等富商皆可谓晋商翘楚。以乔家雄厚的家底和蒸蒸日上的生意，乔东家不来江南贩茶，也不至于有饥寒之忧；退一步讲，即使为了逐利，也不必劳乔东家亲身犯险，可是乔东家还是来了，此举仅用商家逐利的本性来解释是讲不通的。现今太平匪军霸踞长江下游，江南茶路不通，乔东家却竭力开辟这条茶路，证明乔东家不仅有敏锐的经商头脑，还有以商兴国利民之心啊。"

"先生还真是独具慧眼。"乔致庸看着湘上农人说，"君子明道怀远，在下开通江南茶路，确实怀有利民之心。茶路不通，天下多少茶农失业，流离失所，强者沦为强盗，弱者死于沟壑。"

湘上农人笑道："不是独具慧眼，而是在这茶事中能明心见性。"

乔致庸问道："茶事能明心见性？那么先生到此，不仅是闲坐品茗吧？"

湘上农人仍呵呵笑道："我一个乡野村夫，在这青山里，一杯茶汤，足以慰风尘。"

乔致庸连连摇头："非也。观先生面相清奇而刚毅，目光如炬，眉宇间隐隐透露出一股锐气，偶尔却又显露淡淡忧虑，说明先生心中装有大事且在为大事烦忧，又怎会是个闲人？"

湘上农人微微一愣，道："没想到乔东家还懂相面之术。鄙人的确不是闲人，现今太平匪军跋扈，朝廷官军一年半载也拿他们没办法。再让他们闹腾下去，大清国就危险了。乱世之时，谁人能得闲？不说忧国忧民，是人总得忧衣忧食呀。这或许正是鄙人有忧色之故吧。"

乔致庸说："先生说得对，不是闲人闲不得。晋商不能坐等天下太平，商人自有商人的责任！"

湘上农人说："乔东家果真非等闲之辈。只不过，而今太平军未灭捻军又起，乔东家此次到武夷山买茶来路本已艰难，回去路上只怕更为凶险。不知乔东家这茶生意能否长久做下去？"

乔致庸说："既然起了头，这条路再难也得走下去。"

湘上农人一笑："若想长期做下去，那就难了。乔东家就没想过用别的办法把茶货生意做大，把风险降到最小？"

"先生此话怎讲？"乔致庸心中不禁一动。

湘上农人严肃道："天下茶路有很多条，许多地方都有好茶，比如安徽的六安茶、松萝茶，江西的庐山云雾茶、九龙茶，湖南的君山茶，江苏的洞庭碧螺春茶等，乔东家有没有想过在这些茶产地买山种茶？如若可行，还能以这些茶场为基地中转，伺机将江南茶叶运出，岂不是一举两得？"

乔致庸激动地躬身道："听先生一席话，胜读十年书。先生比致庸更懂茶，也更懂生意。希望他日还有机会向先生请教。"

"乔东家，后会有期。"说着，湘上农人起身向乔致庸还了一礼，告辞而去。乔致庸送这人至屋外，看着他远去的背影，略有所思。

湘上农人走了后，乔致庸本想向邹东家打听一下此人究竟是何人，见邹东家似乎不太愿意透露更多信息，也就不再多问。

这自称湘上农人的贵客正是左宗棠。此时左宗棠在湖南巡抚骆秉章府上为幕僚，兵部侍郎、湘军统帅曾国藩被困于江西后，向骆秉章求援，骆秉章便让左宗棠负责为其筹备粮饷、补充兵械等事务。此次便服潜行至两江（江南和江西两省），正是为了征办粮饷。因属军事机密，邹东家自然不敢多说半句。

第二节　飞来横祸

两天后，乔致庸买的茶加上赊的一部分茶，装了数十船，在河口码头扬帆启航。在信江航行时顺水又顺风，进入鄱阳湖，担心遇上太平军，船队白天隐在岸边芦苇丛中，夜间开船，同时以船尾火光为号。

第五章 漫漫商道艰难路

火光熄灭，就是平安无事，继续前行；船尾亮起渔火，就是前面出现了太平军的巡逻船，要藏进芦苇丛中去，向后面的船只报警。从湖口入长江逆水而上，又恰逢太平军击溃江南大营后反攻武汉，尽管船队多在夜间缓行，还是几次与太平军的船队相遇，不过都有惊无险地躲过了。

与此同时，在南船北马的水旱码头赊旗店，捻军攻了过来，城外四乡的百姓，不堪财主的盘剥压榨，三五成群地投靠捻军。城内的富商财主也慌了手脚，他们公推商会会长戴广兴为头，买来了一些洋枪洋炮，组成了一支洋枪队。戴广兴指派人手加筑城墙，盘查行人，去四乡镇压造反的百姓，一个月内，抓捕了不少造反的百姓和捻军，一时间乡下百姓轻易不敢进城，生怕招来横祸。

乔致庸的茶货船队经两个月航行，中秋节这天返抵赊旗店。中秋佳节按传统习惯，各家各户都要买些月饼、水果拜拜月，吃一顿团圆饭。暂时平息了捻军叛乱后，赊旗店镇内又变得热闹起来，因天色渐晚，乔致庸让程忠美和程之善在船上看守，自己带了杨总账房上岸，安排住处和联系广盛镖局的骡马大车队转运茶货。

当天晚上，在山陕会馆大厅里，划拳声、吆喝声、狂笑声此起彼伏。这时，一个团丁仓皇跑进厅来大声喊道："不好了，捻军头子王当带着人马打过来了！"

捻军的攻击对象是官府，还有富商财主，大厅里的人显然都在此列，一个个吓得到处乱钻。戴广兴早就在楼上藏了金银财宝和美酒吃食。他带了几个手下爬到楼上，撤去楼梯后，便把楼门堵死，又命洋枪队从四面窗口朝外射击。捻军头目王当、郭立指挥队伍几次攻击攀登，都没能成功，反而被洋枪队打死打伤不少。但捻军仍然紧围山陕会馆不散，纷纷喊道："烧了春秋楼，才能报怨仇！"

王当即令部分弟兄去富商家里，搜来被子，又从几个商行里抬来一千多斤桐油，把被子浸透桐油，一层层裹在大柱子上，用铁丝缠紧。王当和几个兄弟举起火把，飞身跃进高台，火把一挥，霎时间，几十根大柱如几十条火龙，蹿了上去，大火毕毕剥剥地烧起来。

这天晚上，乔致庸因途中一两个月都没睡好觉，进了客栈就和衣而眠，朦胧中听得有枪声，他立刻睁开眼，只见会馆已经弥漫起大火，他叫醒杨总账房，想要一起逃出去，没曾想还没出客房门，就被一伙背大刀、持火枪的人捉住，捆绑起来。乔致庸和杨总账房被押到了白河岸上一个破烂的军帐内。一个士兵对帐内的大胡子和中年汉子说："趟主，我们捉到两只大肥羊。"

大胡子让这几个捻军在帐外守着，然后走近乔致庸和杨总账房仔细审视一番，问道："你们是衙门的官吏、团丁，还是会馆的劣绅财主？"

杨总账房瞟了大胡子一眼，回道："不是。我们只是外地来的小茶商，在此地客栈住宿而已。你们是什么人？"

大胡子粗声道："我们是替天行道、劫富济贫的捻军。"

乔致庸不屑道："如今天灾人祸四起，民不聊生，饿殍遍野，捻军不是高喊着'救我残黎，锄奸诛暴，以减公愤'的口号吗？为何你们人人带刀，好勇斗狠，横行乡里，尽干些杀人放火、打家劫舍的勾当，其行径，与土匪何异？"

大胡子轻蔑笑道："我们不杀贪官污吏，如何能替天行道？我们不打劫土豪奸商，如何能接济穷苦百姓？你们这些奸商的银子，还不是勾结官府、盘剥乡里所得的不义之财！"

乔致庸大声说道："我乔家从不勾结官府，更不会盘剥乡里……"

这时，王当进帐来，打断了乔致庸的话，他问大胡子："趟主，如何处置这两个尖子（商人）？"

"审审他们的底，若不是会馆或官衙中人，就许他们花钱买命；若不愿出钱，就宰了丢河里喂鱼！"大胡子说。

第五章　漫漫商道艰难路

王当转身又对乔致庸和杨总账房说："赵主许你们花钱买命。"

大胡子与王当的对话，乔致庸和杨总账房都听得很清楚，乔致庸还想与他们理论，杨总账房给了一个眼神暗示，让他不要多说话，然后问大胡子："那你们要多少赎金？"

大胡子稍思索一下，慢慢伸出五个指头。

"五千两？"杨总账房疑惑地问。

大胡子怒道："是五万两，一分都不能少！"

乔致庸连忙说道："我们的银两全都用来购买了山里穷苦茶农的茶叶，别说五万两，就是五百两也拿不出来。你若喜欢，可以把茶叶拿去。"

"茶叶对我们来说，就像秋后的枯树落叶一样无用。这可是买命钱，给你们一袋烟的时间考虑。"大胡子说。

乔致庸怒不可遏，又想开口大骂。杨总账房担心东家安全，劝止了他，然后又向王当求情。

王当说："你们还算老实，这样吧，我私下做主，给你们少去十倍，只交五千两。这可是买两条人命的钱，如果还不愿意交，就别怪我们翻脸无情了。"

乔致庸争辩说："我们只是本本分分的小茶商，一时半会上哪里去筹这笔钱啊，这不是强人所难吗？"

"你的废话真多。不要讨价还价，这是两条人命的最低价了，我们可没有时间跟你们在这里耗着，明天日落以前，还见不到你们的赎银，就别怪我们心狠手辣。"大胡子不耐烦地说。说完命人找来笔纸，逼着乔致庸写信。

第二天清晨，守在船上的程之善发现东家和杨总账房迟迟未归，程之善十分着急，便上岸去找乔致庸二人，当得知会馆昨夜被捻军洗劫后，他急得如同热锅上的蚂蚁，正不知如何是好时，迎面撞上一个人。

来人一把扯住他，问他是不是乔家伙计，得到肯定答复后，这人把一封信往他手里一塞，说了句"快筹钱救人吧"，转身就走了。

程之善展信一看，顿时大惊失色，拔腿便往河边码头猛跑。一见到叔叔程忠美，便哭诉原委。程忠美看过信后，立刻把护卫、伙计召集来，商议解救乔致庸和杨总账房的办法。有人提议，乔装成捻军的另一支队伍，连骗带抢，把人夺回来。但有人立刻反对，这次捻军出动了白旗（捻军实行五旗军制）的两队人马，超过千人，将镇子四面水陆道路都封锁了，抢骗显然行不通。有人提议，先向山陕会馆借点钱赎人。还是有人反对，因为山陕会馆联合本地官府抵御捻军，已经付出了惨重的代价，他们还希望得到晋商的帮助呢，哪会有银子借出？大家议来议去，没有想出个可行的法子。

这时，程之善说，他昨日与东家一起去广盛镖局骡马大店雇用了他们的大车，加上乔家与镖局交情深，去请他们出面说情，他们应该不会拒绝。程忠美一听，觉得此法可行，于是立刻赶去广盛镖局。他曾跟随东家乔致广与广盛镖局打过几次交道，熟门熟路，直接找到了老舵主戴二闾。此前，戴二闾拒绝了乔致庸护镖去武夷山的请求，他心里一直过意不去，眼下乔致庸在镖局家门口出了事，他不能再坐视不管。于是他让侄子戴良栋亲自跑一趟，与捻军趟主谈判救人。

戴良栋叫上一个镖师，与程忠美等人带着一千两银，匆匆赶到捻军白旗小趟主的临时营地。进了帐篷，戴良栋一眼看到大胡子趟主是个熟人，他就是卧牛山土匪熊一虎的儿子熊天宝。镖局老舵主戴二闾与熊一虎有过多次交手，属于"不打不相识"的道上朋友。后来双方还订了约互不相犯、互不干涉。既然是熟人，说起话来就容易多了。戴良栋与熊天宝寒暄几句，就说明了来意。熊天宝一听，心中有些不悦，说道："戴师傅，我们与广盛镖局也有二十几年的交情了，本约定互不相犯，如今我投在大趟主孙葵心旗下，举大义、行大事，广盛镖局

第五章 漫漫商道艰难路

为何要管这档子事呢？"

戴良栋笑了笑，说道："熊趟主有所不知，乔东家与我镖局是世交，昨日又雇用了镖局的百余辆大车，也就是镖局的主顾，而趟主却把他们劫了，这事镖局怎能坐视不管呢？"

熊天宝有些尴尬，沉吟片刻，说道："这事是因时间仓促，兄弟们没搞清状况。不过，兄弟们好不容易把人给弄回来了，若是因戴师傅一句话，就把人放了，我这个小趟主也不好向兄弟交代，不是吗？"

戴良栋说道："咱们相互都知根知底，规矩我也懂。只是乔东家是从武夷山办货行经此地，必不会有太多剩余银两。不过，也不能让趟主在兄弟们面前难堪，我们带来了现银一千两，奉给捻军兄弟，也让熊趟主在兄弟们面前不失威望。"

熊天宝沉默不语，似乎还在犹豫。这时，一个"捻子"急匆匆进来，附在熊天宝耳边低声报告说，袭击赊旗店的行动失败，大趟主（白旗主孙葵心）令即日北上。捻军多是游击作战，以抢夺财物为主，很少攻城略地，熊天宝没有时间再计较下去，只得收了一千两赎银，然后下令把乔致庸和杨总账房放了。

不一会，乔致庸和杨总账房从旁边一低矮的帐篷出来，众人迎上前去给他们松绑。杨总账房昨夜在帐篷的草帘子上和衣躺了一宿，腿脚都麻木了，想挺身伸个懒腰，却摇晃一下，瘫坐在地上。乔致庸则望着天发呆半晌，然后大声对王当和熊天宝说："二位趟主，这一千两银是我捐给捻军中的贫困兄弟的，请记住了！"

劫后余生的乔致庸，前去感谢了广盛镖局舵主，又想办法筹措来银两把钱还上。当晚，乔致庸巡查了一番茶船，安慰了船工，回到岸上，大声对众人说："明日一早，起货装车。"

第三节　北上设立分号

　　百辆骡马大车载着茶货，从赊旗店启程，走旱路经洛阳过黄河，至怀州，越太行……一路上乔致庸都提心吊胆，心有余悸。好在雇用的是广盛镖局的车，途中除了因银两不足食宿窘迫一点，倒是没出现什么危险。浩浩荡荡的车队到达潞州后，乔致庸一颗悬着的心才放下来。他叮嘱众人说，途中发生的一切都不可瞎传出去。

　　秋末，乔致庸的第一批砖茶到达祁县子洪口鲁村，立刻引起了巨大轰动。祁县及周边有头有脸的商家和士绅纷纷赶来，长裕川、大玉川、永聚祥等大商号都派人来了，甚至祁县、太谷县的县太爷都亲自前往迎接。鲁村货场锣鼓喧天，鞭炮声不绝于耳，围观的百姓成百上千，还有一队舞龙队穿梭在人群中，巨龙上下翻飞，让人眼花缭乱，队员发出的高亢雄壮的声音在村子上空回荡。

　　人们之所以如此看重这次集会，是因为乔致庸这批茶货的到来，意味着南方茶路在中断了五六年之后被重新疏通，丝茶之路将重新兴盛起来。而鲁村所处的位置也非常特殊，它距离祁县、太谷、榆次、平遥的丝茶庄、票号的总号都不远，押运货物的人员要回总号送样品检验、汇报请示等，许多票号在鲁村设有机构或派有专人办理货款结算事宜。有的商队干脆就在这里设商号，专门办理相关业务。其时，鲁村有利泉、丰元、万顺和德业四家大车马店，整日人来人往，车水马龙。

　　乔致庸本想交接完货物后就回祁县家中，看望妻子高氏和大嫂董氏，免得她们心中记挂担心。可是，一个个洗尘酒席还未吃完，一些大车马店的掌柜又来缠着他谈业务。乔致庸一直没有空闲，只得再等

第五章 漫漫商道艰难路

时间。

万顺大车马店的王掌柜极为热情地邀请乔致庸去他家的店里做客,乔致庸盛情难却,随之去了万顺大车马店。王掌柜指给致庸看自家的大车,介绍道:"乔东家,您看,这种结实气派的大车,我们有一百二十几辆,在这一带是数得上号的,但自从茶路断绝,好几年都没用过了。如果不够用,我的一个兄弟有一支二百多峰骆驼组成的驼队,也可供乔东家差遣。"

乔致庸参观完后,当即表态说:"王掌柜,你的大车和你兄弟的驼队我全雇了。"王掌柜闻言,激动地对乔致庸说:"乔东家,您可能不知,一辆大车要雇两到三个车夫,一百二十多辆车就要三百多个车夫。运您这一趟茶,今年冬天就有三百户人家有饭吃了!乔东家,我要替这些等米下锅的车夫先谢谢您了!"说着他向乔致庸深深鞠了一躬。乔致庸忙说道:"王掌柜,咱们这谈的只是生意,互惠互利,用不着感谢。如果你们这次做得好,我保证,今后数年我们都将会有合作。"王掌柜承诺道:"保证这批茶货一两都不会丢失,一定会做到乔东家满意。"

他们还没有谈完,丰元车行的李掌柜又匆匆找过来,他对乔致庸说:"亮财主千里贩茶,九死一生,为我们晋商重新开辟了通往武夷山的茶路,可谓大手笔、大气魄。不知这次亮财主能否给丰元分一杯羹呢?"他对乔致庸非常熟悉,早知其乳名叫亮儿,他也是第一个称乔致庸为"亮财主"的人。乔致庸对他略带歉意地笑笑,说道:"李掌柜客气了。我跑这一趟,只不过是初生牛犊不怕虎罢了。这趟货不算太多,都交付给王掌柜了。不过,我相信往后肯定有和李掌柜合作的时候。"李掌柜当然听得出乔致庸的客套话,不过心里还是挺高兴,笑道:"好好好,那我今儿就算是跟亮财主约上了!"

乔致庸安排好茶货转运事宜,刚想抽闲回趟家,不巧,包头复盛公总号武大掌柜、通兴分号范炳仁掌柜、复盛西马荀掌柜等人赶来鲁村，专程来向他汇报疏通自包头至俄罗斯茶路的情况。按原定计划，乔致庸让范炳仁、马荀等人疏通的北方茶路是以包头为起点，经乌拉特、贝加尔湖、伊尔库茨克、新西伯利亚、乌拉尔山、东欧平原，到达莫斯科，最终运达俄罗斯圣彼得堡。这条商路，是乔致庸的祖父乔贵发跟随"大盛魁"拉着骆驼走过的，后来"大盛魁"还在科布多设有分号。乔致庸如今想要北上，自然首选这条路。

但是，范炳仁、马荀等人领商队北上探路时，在乌拉特遭到土匪大呼海及一帮地痞的拦截，而且大呼海还跑到包头，向复盛公总号强收保护费。

在当时的乌拉特一带，土匪劫道、图财害命的事情经常发生，造成不少商旅、驼工家破人亡的悲剧。一些有经验的"领房子"的人（每一个"领房子"的人有十四"把子"，每"把子"领十四至二十峰骆驼），如果遇到土匪，就会和他们周旋，给他们的头儿一点银子，说："你看我们带的盘缠也不多了，我们是走这条路的常客，等买卖做完，回来的时候我一定加倍犒劳弟兄们。"土匪也有土匪的规矩，只要能兑现诺言，他们可以暂时放驼工通行，但日后必须兑现承诺。如果不兑现，再遇到这些土匪，这些驼工就可能全部被杀掉，货物也会被洗劫一空。在驼道上经常能看见累累白骨，都是被土匪杀害的驼工遗骸，令人心惊。这些骨骸有的是土匪专门摆在路边用来威慑驼工的。

但范炳仁、马荀遇到的是不讲规矩的土匪大呼海，他数次刁难"复字号"商号。过后究查原因，是范炳仁开除了他分号一个不守店规的伙计，而这伙计是大呼海的兄弟，大呼海为了这兄弟，专门报复复盛公。对此，范炳仁深感自己有不可推卸的责任，并表示会尽快摆平此事。

乔致庸听了详细汇报后，沉吟半晌，说道："错不在你，而且已经没时间摆平大呼海了，这次北上只能走东口了。"

第五章　漫漫商道艰难路

武大掌柜、范炳仁、马荀都请求随运茶商队走一次东口。乔致庸答应了范炳仁、马荀的请求，而让武大掌柜返回包头去安排总号事务。然后，乔致庸又去告知王掌柜更改了北上路线。

王掌柜安排大车马店的车夫、驼工做着准备。在出行之前有专人依次检查每一峰骆驼的状态和鞍、屉、缰绳的情况，驼工们把货物分门别类地打包好，每一包货物叫一"垛子"，一般每峰骆驼驮一担二货物（一斗为三十斤，十斗为一担），一担二就是三百六十斤。一个"垛子"的宽窄、长短都是按照骆驼的体型打包好的，整齐有序地排列完毕后，再把骆驼牵来，让它卧到一"垛子"货物中间，两个驼工齐心协力把三百多斤重的"垛子"放到驼背上面，再把骆驼背上左右两边的"垛子"迅速连接固定好，熟练的驼工前后不到一分钟就可完成。但这项工作是需要技巧的，既要快，还不能伤了骆驼和自己。运输途中，每次歇脚，就得装卸一次，还要给骆驼喂草喝水，足见这项工作有多么烦琐和辛苦。

几天以后，商队就从鲁村出发了。一百多辆大车、二百多峰骆驼组成的商队浩浩荡荡，绵延数里。前段路程是经太原、应县、大同至张家口。

旧英文词典把张家口译作Kalgan，即"门"的意思。可见过去的张家口在外国人眼里是个通商贸易的地方，实际也是这样。张家口这座城市诞生于明廷与蒙古的重开互市之中，兴盛于清朝和民国对蒙、俄贸易的黄金时期，东接京、津，西通晋、陕，北抵蒙、俄的交通要冲，是我国北方著名的商埠和陆路码头。这便是晋商口中常说的"东口"。乔致庸领着商队抵达张家口，他惊讶地发现，这座"旱码头"呈现的祥和繁荣、展示的大度和包容是他前所未见的。许多外贸交易在大境门内外进行，商品种类极多，应有尽有，琳琅满目。乔致庸感慨道："东口竟不逊色于汉口！"

马荀问道:"东家可是有心在此设分号?"

乔致庸说:"欲想货通天下,当然须广设分号,这东口自然当有我们的一席之地。只是这条商路还有待于我们彻底疏通,设号是迟早的事情。"

这时,车马店的"领房子"的人来跟乔致庸商议转运事宜。乔致庸微微愣了愣,说道:"货物都装载得好好的,还要如何转运?"

"出了口就是'张库大道',这一路上可没有好路,出了山地是荒漠,过了荒漠还有草原、戈壁,很长一段路大车用不上,只能靠骆驼运了。"

乔致庸终于明白,真正艰难的路程才刚刚开始。"张库大道"即张家口到库伦(乌兰巴托)并延伸到俄罗斯恰克图的一条运输线,这是一条充满诱惑、艰险、血腥,又因天灾人祸而游移不定的传奇古道。从张家口出发行至伊林(现二连浩特)驿站,然后便进入了蒙古国境,也就进入了沙漠戈壁。乔致庸跟着驼队,在茫茫沙漠上行进。抬眼四望,一片苍茫空旷。夏季白天温度高达四十摄氏度,而冬季白天温度在零下四十摄氏度。骆驼有识别方位的本领,水井传来的气息指引骆驼带领人们投宿下一个营地。此时正是冬季,而商队在极寒的情况下,依然不能耽误行程。为了抵御风雪,他们的帐篷都搭得不到一米高。驼工在帐篷里就地和衣而睡,身体下面铺一块麻布或油布,能起到防潮的作用,盖的大多是老羊皮大衣,头填进驼毛围脖里,腰带等物品当作枕头。

不知度过了多少个这样的夜晚,一天早晨,当乔致庸从低矮的帐篷出来,望见阳光下星星点点的红,点缀在一大片黄中,晨雾迷蒙,远处隐约可见冰封的河流和覆盖白雪却依旧透出苍翠的原始森林,还有木栅栏围墙中洁白的蒙古包……

一个早起负责探路的驼工在前面不远处扯着嗓子喊道:"伙计们,

第五章 漫漫商道艰难路

库伦到了!"

听到喊声,帐篷中的驼工们、掌柜们纷纷钻了出来,迎接这崭新的一天。

库伦,意为城圈,当时只是一个较大的村庄,位于图拉河畔,具有浓郁草原风貌。乔致庸正有兴致地欣赏库伦的景色,忽见几队人马向商队这边跑来,他心里一惊,怕是又有人来打劫了!他们从三面围上来,口里不停地大声说着什么。乔致庸不懂蒙古语,忙把身后的范炳仁叫来翻译。原来他们是本地的牧民,想买商队的茶,但没有银子,只有马匹、皮货、羚羊角等,他们询问是否可以用这些东西交换。

乔致庸本没有打算在此地销货,但转而一想,这里是通往恰克图的重要通道,商路的畅通必然依靠当地民众支持,况且,他坚持的经营准则便是"逐利思义",除了赚钱,更重要的是给人们的生活带来便利,既然这些牧民如此渴望茶叶,自己又有这么多的货物,给他们一些方便又如何呢?于是,他答应与这些牧民交易。生意不算大,但是牧民们喜出望外,茶在草原上可是稀罕货,在乱世之中更是难求,而乔致庸开价公道,没有坐地起价,他得到了几十匹好马,还有鹿茸、羚羊角、麝香等。临别时,热情的牧民还给乔致庸献上了哈达,告诉他以后若有需要,他们随时可以出力相助。

商队在库伦没待几天,就准备启程往下一站恰克图。这时,范炳仁向乔致庸提议说:"东家可知,从库伦也可去科布多?"他知道乔致庸最大的愿望就是在科布多设立分号。

乔致庸听了他的建议,思索良久,才不无遗憾地说:"再往北不远便是恰克图,而向西往科布多要穿过乌里雅苏台、喀尔喀,路程还有很远,我们第一次出东口,不好舍近求远吧?"

范炳仁忙说:"东家可往恰克图,我与马荀前去科布多,便能两不相误。完成考察后,我们可直接从科布多经伊尔库茨克、乌拉特返回包头。"

乔致庸笑道:"这自然是好,只是辛苦你们二人了。"

于是,乔致庸从商队分出一小队人,由范炳仁和马荀领着往西去科布多,自己领大部商队往北去恰克图。

几天后的一个傍晚,乔致庸的商队终于抵达此行目的地恰克图。当晚,乔致庸亲自安排将货物分门别类堆放到货栈。在当地设有分号的茶商纷至沓来。乔致庸领着榆次的常家"玉字号"分店掌柜、祁县渠家"川字号"分店掌柜及俄罗斯茶商穿行在茶货之间,他们争相圈点茶货,片刻工夫,乔致庸运来的所有茶叶都被他们预订光了。验货、议价、交易那得明日进行。几个掌柜又争着做东给乔致庸他们接风洗尘,争来争去,还是渠家"川字号"刘掌柜以老乡身份争取到第一个设宴做东。

席间,刘掌柜举杯道:"乔东家,自从茶路断绝,我们都盼了四年了,别说大红袍,就是茶叶是什么味道都快记不清了!乔东家今天不但带商队来了,还一下子带来了武夷山的上等茶货,保住了我们晋商货通天下的信誉!其他话我也不多说了,首先,感谢乔东家为我们晋商立下如此大功,干了这杯!"

乔致庸起身,笑道:"感谢刘掌柜的美意,刚才的话过了,致庸担当不起。这次我来恰克图一是给诸位送来武夷山的好茶,二是我们大德兴丝茶庄要在此设一个分号,以后会常和诸位相与做生意,望大家支持。"

"玉字号"分店掌柜说:"乔东家,你若想在恰克图开分号很简单,不少茶庄因断货停业,铺面都空着,我可带你到各处去看看,乔东家看上哪家就把哪家盘下,买或租的价钱都很便宜。盘下来后,只用换块招牌就成。"

虽然乔致庸也是来开丝茶庄的,算是他们的竞争对手,但毕竟指望从乔致庸这里分一些稀缺的茶叶,要看人家的脸色吃饭呢,而且比起山西、包头,这里的晋商协助合作、和衷共济远多于相互竞争。抱团赚钱本就是晋商的传统,乔致庸也在这里感受到了久违的温暖。大家在酒桌上就把乔致庸开设分号的事商议妥当了,继续举杯畅饮。

十几天过后,在中俄边贸城恰克图的大街上,一家新的店铺开张了。鞭炮声中,乔致庸亲手揭下招牌上盖着的红绸。

兴造大院非本愿

第六章

第一节 重新开启丝路

咸丰七年（1857年），乔致庸从恰克图返回祁县老家，在家待了不过十日，又听得江南传来消息：太平军北伐败归后，继而转向江浙一带。

这个消息对乔致庸产生了不小的刺激，他知道，太平军自定都天京后，就把用兵重点放在了北伐和西征上，而在浙江并没有发动大规模战役。他花费心思分析形势，权衡利弊、预估风险后，一个大胆的想法在他脑中形成了。太平军要攻打湖州、杭州等地，这些盛产丝绸的地方，必然会有不少商人抛售存货，丝价必然大跌。如果可以低价收购这些存货，或是盘下丝行、缫丝坊，想办法用船运往潞州。在潞州加工后，再运往恰克图或北京、天津，这利润空间有多大不言而明。而且，让潞州织工在兵荒马乱之时能有口饭吃，让湖州、杭州的丝农、商人有活路，自己也有利可图，岂不是一举多得？

当然，不能只想好处，风险也需详加考虑，万一太平军很快攻下湖州、杭州，自己收了丝货运不出去又该怎么办？乔致庸思来想去，

第六章 兴造大院非本愿

除了多加提防,并没有想到什么好的对策,毕竟自己只是一个商人,没有改变天下局势的本领,只能赌一把。即使输了,也没有什么后悔的。

他拿定主意,便去给大嫂董氏通个气。董氏本就担心乔致庸在这乱世中四处奔波太过危险,他的妻子高氏也颇有怨言,听了乔致庸的打算,毫不客气斥责了他一番。乔致庸只得苦着脸解释:"商机稍纵即逝,有哪个赚大钱的人不吃苦冒险的?祖父为何能创下乔家基业?还不是靠吃苦、冒险、勤奋、诚信。最初我不肯接手生意,也是因为自己不具备先辈这些品质,担心家业败在我手上。既然我接手了,我又怎能不像先辈们那样全力以赴?做生意,风险没有了,机会也就没有了。"

董氏无话可说,她心里很清楚,是她、是乔家的生意迫使乔致庸改变了人生轨迹,她是最没有资格斥责乔致庸的。乔致庸的继室高氏仔细思量一番后,心里的怨气也消了。

乔致庸在家又待了半个月,怎么也待不住了,他决心再下江南。按计划,这次他带的人手更多。因为他要在潞州设织染坊,要在汉口设茶叶加工作坊和仓储库,还要分出一路人马往湖南收购茶叶,一路人马去往江浙一带收购蚕丝,如有可能,还要在湖州、杭州置办或购一处丝绸庄。只有完成了这一系列布局,乔家货通天下的目标才算初步达成。

在中堂曹管家得知乔致庸要再下江南,提醒说:"东家,您第一次冒险下江南,重开茶路,历经生死,最终化险为夷,那是您运气好,但人的运气不可能一直都好,况且,如今江南局势不仅没有安定,反而战火愈演愈烈,没有十足的把握,还是不要去冒险。"

乔致庸说:"我们包头的生意虽算得上走上了正轨,发展平稳,却没有什么真正拿得出手的东西,酒、油、醋这些货品,肩膀顶个脑袋,个把月就能学会。现今恰克图和科布多的丝茶分号已开设,往北面的两条商路眼看要打通了,却还没有足够的货源,我怎能不着急呢?"

曹管家略一思索,说道:"我知道,东家您想做茶货、丝绸供应商,可眼下时局不济,国运多舛,商运连着国运,凡事不宜急于求成。"

"您说得不错,商运连着国运,但我对国运的看法与您不同,要知在艰难的国运中,发现机遇,才能创造不一般的财富。以商救国、兴国,才能更好体现商人的价值。"

曹管家听了直摇头,肃然道:"东家,我可不跟您谈论这些大道理,我只知道,若是您出了意外,那乔家就完了,此去不是拿您一个人的性命在赌,也是拿整个乔家在赌。我知道劝不住您,只望您三思而后行。"

乔致庸说:"曹管家一番苦心我自然明白。此事我已经筹划好长时间了,这次下江南不仅人数多,而且不需带太多现银,在汉口、扬州、苏州等地都有晋商设的票号,我们先拿银子在本地总号多开具几张汇票(或兑条),到了汉口、扬州、苏州、湖州等地,需用银子的时候再拿汇票兑换银子。无需雇请镖运,还是比较安全的,老管家您就放心吧。"

几日后,乔致庸带着大德兴丝茶庄李大掌柜及伙计、护卫二三十人再下江南,走的还是上次的路线。到了潞州,按事先的安排,乔致庸在此设置丝绸织染坊。据说乔致庸的继室高氏的娘家人在潞州开有商号,他在此开办丝绸织染坊时,得到高家的帮助,不到半月就把丝绸织染坊开起来了。乔致庸留下几人料理坊间事务,自己带着其他人直奔汉口而去。此时,太平天国翼王石达开率部众负气出走,太平军内部震荡,江北战事稍缓。乔致庸借此机会,在汉口置办了茶叶蒸压、包装的加工作坊。

但是,因石达开转战于天京外围的闽、浙、赣,太湖湖口也被太平军水师控制,乔致庸一时无法往武夷山收购茶叶,也无法去苏州、湖州收购蚕丝。他想起上次与那湘上农人的交谈,天下名茶岂止武夷

第六章　兴造大院非本愿

山一处呢？于是便转入湖南，收购岳州临湘茶，又入洞庭湖，沿资江到安化等地收购茶叶。这是江南另一条早已开通的茶路。乔致庸把收购来的茶叶在汉口的蒸压坊加工包装好，仓储起来，达到一定数量后，再雇船从汉江运走。

过了几个月，乔致庸在汉口听到消息：湘军与太平军水师在鄱阳湖湖口及长江下游经过数天激战，太平军唐正财的水师被歼灭殆尽。乔致庸惊喜万分，对众人说："这么一来，拦在南北茶路上的障碍基本就清除了！"他没有迟疑，立马租了十余只货船顺江东下，至镇江再转入运河，前往苏州、湖州。

镇江可谓江南丝绸转运中心，也是"江绸"产地。乔致庸对李大掌柜说："早闻镇江有一条'梳儿巷'，聚集了很多纺织户，店门前随处可见放置着织机的梳枥，产的江绸也属上品，我们上岸去瞧一瞧！"

丝绸织造的工艺较为复杂，首先对特种柞蚕丝进行初选、浸泡、脱水、烘干、精选、手摇络丝、人工浆经、自然晾晒，然后整经、卷纬、织造。江绸与潞绸的制造工艺还是有些不同的，潞绸工艺遵循传统，乔致庸想，如果能学习借鉴江绸与杭锻的一些制造工艺，对潞绸的织造肯定会有所助益。

于是，乔致庸带了几个懂点织造技艺的人登岸，直奔梳儿巷而去。然而，到了梳儿巷，却不闻机杼声，更不见织绸人。走完整条巷子，家家户户大门紧闭，乔致庸不禁皱起眉头。

这时，程之善跑过来对乔致庸悄声道："东家，此地不可久留。听说太平军一部人马被官军围困在镇西，我们还是尽快离开这险地为妥。"

乔致庸有些失望，慨叹一声，带着几人匆忙离去。

货船顺运河而下，经常州、无锡到苏州。苏州虽没有太平军驻守，街上的人还算多，但在战争阴影之下，无论是衣着光鲜的士绅还是平民百姓，都是步履匆匆，脸上显得有些漠然和焦虑。

乔致庸的情绪也大受影响，有些焦躁。他急急忙忙找到平遥的"蔚字号"票号，打算先兑点银子。票号关着门，似乎没做生意。乔致庸叫开门，说明来意。票号掌柜见到乔致庸显得非常惊讶，疑惑问道："你是祁县的乔东家？"

乔致庸回道："鄙人正是乔致庸。不知贵票号兑现是否为难？"

票号掌柜说："开门做生意，怕难哪成呀。只是如今不太平，丝茶路断绝已久，曾经最为热闹的丝茶生意消停下来，这里票号的生意也越来越淡了，但是分次兑付乔东家的这笔款子还是没问题的。"

闻言，乔致庸松了一口气，连声道："那就好，那就好，麻烦掌柜了。"

郭掌柜又打量了乔致庸一番，问道："乔东家是想在苏州做丝茶生意吗？街面上的丝茶庄都歇业了，蚕丝都在桑农手里，若要去一家一家收购，这生意怕是难做啊。"

乔致庸说："不瞒掌柜说，我此来正是要在苏州、湖州开设丝茶庄分号，不知掌柜有何指教？"

郭掌柜说："指教不敢当，只是我在苏州待的时间长，比较了解这里的行情。自从太平军定都南京后，官府和太平军都在这一带搜刮民脂民膏，昔日的富庶之家早已十室九空，加上丝茶之路堵塞，丝茶庄不收购了，桑农手中的生丝贱卖也卖不出去，哪还有什么生意做？况且，这太平军不时还会再来。"

乔致庸笑笑，自信地说："商家常言'人弃我取，人取我与'，'屯得应时货，自有赚钱时'，越是有风险，越有赚钱的机会。我来此正是想再试试运气。"

郭掌柜说："乔东家如此有胆识，确实令人敬佩。既然乔东家决

第六章 兴造大院非本愿

心已定,那就提醒乔东家一下,如果开设分号,最好选在离城镇稍远且靠近河流的地方。另外,据我所知,湖州比苏州的境况要好些,乔东家也可考虑去湖州。"

乔致庸朝郭掌柜拱手道:"多谢掌柜指教。待苏州的分号开起来,再去湖州。"

随后,乔致庸在苏州开设了丝茶庄,开始大量收购商家和桑农抛售的生丝,而且价格十分公道,没有趁火打劫的意思。苏州附近的桑农、丝绸商仿佛迎来了"活菩萨",一时间丝茶庄的生意十分火爆。这次乔致庸深感商业、商人是可以救济黎民于水火的,他的心中多了一份时不我待的紧迫感。所以苏州的生意刚起步,他又去往浙江湖州。

湖州,自古栽桑、养蚕、缫丝。至清代,湖丝名满天下,湖州"丝绸之府"的美名名扬四海。乔致庸了解到,每当新丝上市之时,各地的客商就会聚集到南浔镇。镇上的丝行一面收购农家生产的新丝,一面又把新丝转售给各地前来收购的客商及苏州、杭州织造局。上海开埠(1843年)后,湖州丝绸业得到进一步发展,南浔镇成为湖丝贸易的集散地。因此,乔致庸来到湖州后,首先在南浔落脚。南浔只是湖州的一个小镇,走在青石板路上,街道两侧店铺林立、旗帜飘摇,两岸人家小桥流水别有一番风情。乔致庸焦躁的情绪也平复下来,他悠闲地走在丝绸集市上。一些经营纺织品的店铺里,摆放着各种毯货、官绢贡缎、自染真青布料……真正的湖丝却少见,乔致庸心生疑惑,向李大掌柜询问此事,李大掌柜也直摇头。

几人行至一酒楼门前,只听见小二卖力地吆喝,二楼三面窗户大开,里面三两人聚在一起,正热火朝天地交谈着。当然,谈论最多的话题便是太平军即将攻打湖州之事。其实,这消息传来传去已经快两年了,太平军并没打到湖州来。乔致庸旁敲侧击了解到因最近石达开在闽、浙势头正盛,人们又紧张起来。外地客商不敢来,而本地丝行从桑农手中收购生丝后,偷偷运去上海,不在南浔汇集,南浔便少了昔日的繁忙景象。

弄清楚这些情况后,乔致庸当即决定多调些人手来湖州,直接到桑农家里收购生丝,并在镇上开设了一个杂货铺作为大德兴丝茶庄分号。这个杂货铺专营丝茶,取名"杂货"只是为了掩人耳目,以避免被众多丝绸行排挤。

但此时,太平军欲重建水师,正四处抢掠民用大船改成战船。乔致庸又为运输的事情犯愁了,便征询大家的意见。程之善说:"太平军的水军已经名存实亡,巡江的战船已经非常少了,来时,我观察过了,江边那么多芦苇丛,到处都有我们的藏身之处,就是万一撞上了他们的大船,我们也能避过去!"

李大掌柜说:"我也打探到一些运输法子,可用多只轻快小船装运生丝,一是方便在运河畅行,二是即使遇上了太平军,他们只收缴大船,对运货小船也不会有兴趣。每次运货只用七八只船,万一被抢,损失也能降低一些。"

乔致庸说:"大掌柜讲得对。我们运生丝的船只能雇用小型快船,因为要走古运河,小船更便利。北行入黄河后,再沿河西行至河内县上岸,潞州就会派人来接货了。"

几天后,派出去收购生丝的人果然从桑农家里收来不少上等好丝,虽是手工缫的土丝,却具有上等丝细、圆、匀、坚、白、净、柔、韧的特点。乔致庸一见,非常高兴,对大伙说:"你们做得很好,只是切记,碰到好丝的时候,不要过度压价,别让桑农吃亏。乘人之危的钱咱不赚。"闻言,大伙都觉得这个东家实在是太厚道了,能如此体恤下层百姓,更加坚定自己没跟错人。

乔致庸此次下江南比第一次还要顺利,整整十五个月,终于办妥了他想做的所有事情。咸丰八年(1858年)夏秋之交,倦鸟也该归巢了，乔致庸满心喜悦地回到了祁县老家。

是年底，包头的复盛公总号武大掌柜派人来交账，谈到科布多分号已开始正常运作，一部分货物往西北远销俄罗斯，往西销至伊犁。但因科布多销售的丝茶较少，乔致庸便将其划归为复盛公的分号。而大德兴丝茶庄因湖南茶路重新疏通，以及苏州、湖州的生丝源源不断运至潞州，丝茶货源充足，丝茶庄总算名副其实了。程忠美负责的恰克图分号，也随之成为当地最大的丝茶供应商号。至此，乔致庸货通天下的愿景得以初步实现。

第二节　理想破灭，购地置产

咸丰九年（1859年），乔致庸的第三子出生，取名景俨。人逢喜事精神爽，他不仅喜得贵子，生意也是顺风顺水。是年底，乔致庸在丝茶生意上已经超过了渠家和常家，成为业界的龙头。

乔家的生意经过乔致庸数年的苦心经营，已经有了很大的资本积累，乔致庸信心十足，决定将大德兴丝茶庄的业务做些调整，改为以票号为主，丝茶生意为辅，以期逐步实现汇通天下的目标。

乔致庸在重振复盛公、重开丝茶路的过程中，深感票号具有不可或缺、无可替代的作用。他与曹管家、大嫂董氏、李大掌柜一起商议大德兴丝茶庄的票号生意事宜，这回没有一人反对。于是，乔致庸把长子乔景岱派去恰克图分号历练，让程忠美回大德兴丝茶庄担任二掌柜，全权管理丝茶生意，让李大掌柜负责组建票号班底。

年过半百的董氏疼惜景岱，虽于心不忍，但觉得这是一件好事，让这个不爱读书、骄纵蛮横的小霸王出去见见世面，学点本领，对他的成长定然会有很大帮助。

可是，就在乔致庸做出这样的决定后没几天，一连串的坏消息就不断从四面八方传来，像一盆冰凉的水把他的热情浇灭了。

清政府在第二次鸦片战争中战败，美、俄、英、法四国强迫清政府在天津签订的一系列不平等条约及补充协议正式生效，中国领土、领海、司法等主权遭破坏。西方列强利用侵略特权，疯狂向中国倾销商品，掠夺原料，瓜分中国市场。中国自给自足的经济体制迅速瓦解。咸丰十年（1860年）俄国又乘势与清政府签订了中俄《北京条约》（《中俄续增条款》），取消了经陆路来华俄商数目及所带货物数量的限制，开放了更多通商口岸，俄商取得了直接在茶区采购、加工茶叶和在天津通商的资格。一开始，俄国茶商在汉口地区华商手中购茶，而后，俄商开始将顺丰、新泰、阜昌砖茶厂搬迁到汉口，在英租界一带建造厂房，这些工厂成为武汉乃至全国最早的一批外资现代化工厂，并使用蒸汽机代替手压机，所制砖茶成本低且质量优。而且，由于清政府免除俄商复进口税，不但使国家损失了大量税收，而且降低了俄商货物的成本，使俄商在与中国商人的外贸生意，尤其是丝茶生意中有了更强的竞争力，中国商人的处境从此更加艰难。降低关税这些对俄国商人政策上的倾斜无疑是一场灾难，持续了两百多年的中俄茶叶贸易均衡被打破，打开了茶叶市场混战的闸门。很快，俄商开辟了汉口—上海—天津—通州—张家口—恰克图的水陆并用运茶路线，谓之东线，加快了掠夺的步伐。

其时，乔家在汉口加工好的砖茶，贩运到中俄边境，中途要经过数十个税收关卡，仅仅税金就要比俄国人高出十倍左右。两广总督刘坤一就此上奏清廷说："自江汉关通商以后，俄商在汉口开设洋行，将红茶砖茶装入轮船，自汉运津，由津运俄，运费俭省，所运日多，遂将山西商人生意占去三分之二。"

继而，俄商在更多开埠口岸开设工厂，且在占领茶叶市场之后打

第六章 兴造大院非本愿

压排挤中国商人，无所不用其极，开埠口岸茶商饱受欺侮，不堪排挤，很多茶庄、茶栈纷纷倒闭。乔致庸在汉口开设的制茶工坊首当其冲，只能苦苦支撑。

同时，乔家在苏州、湖州的丝茶生意也遭受巨大冲击。洋船可从上海直入长江，"彼族实能觇我要害，制我命脉。"安徽富商胡雪岩悲愤于外商对苏州、湖州、嘉兴、杭州丝茶资源的掠夺，借助官方的支持和自己的雄厚财力，做起了丝绸霸盘生意，结果却惨遭失败，也使苏州、湖州、嘉兴、杭州的生丝生意被外商垄断。让胡雪岩痛心疾首的不是损失了银子，而是政府的软弱无能与民族手工业遭受的打压欺辱。洋人在开埠港设置缫丝、织染工厂，机器生产的生丝，称为厂丝，与手工生产的土丝相比确有不少优势。相比之下，乔家的潞丝不仅成本更高，品质也比不上厂丝，赚不了钱，只能勉强维持。

不仅如此，咸丰十年（1860年）八月，英法两国以换约受阻为借口，攻入北京，咸丰帝逃往热河避难。十月六日，英法联军将皇家园林圆明园洗劫一空，制造了震惊中外的火烧圆明园事件。

国都沦丧、军事惨败，祖宗社稷无异于已被倾覆，这让心存图治的咸丰皇帝遭受到了巨大的打击。咸丰十一年（1861年）七月，咸丰帝病逝于热河行宫。其子载淳继位，改元同治。因同治帝年仅六岁，只得由顾命八大臣辅政，东太后慈安、西太后慈禧垂帘听政。王朝内部的权力斗争也随之拉开序幕。

在大清王朝最艰难的时刻，太平军破江南大营后，又趁机发起了东征，目标是江南富庶之地常州、苏州、嘉兴、杭州及上海。太平军攻打杭州，浙江巡抚王有龄誓死力战，最后兵败自杀。刚升任两江总督的曾国藩举荐左宗棠为浙江巡抚，继续与太平军交战。而失去了王有龄这个大靠山的胡雪岩，抓住机会傍上了左宗棠，并为左宗棠提供上万石大米和大量饷银。乔致庸设于苏州、湖州的商号在自身非常困难的情况下，也几次给左宗棠捐军饷。

当然，乔致庸对千里之外的危机并不知情。这天，乔致庸在内堂正考虑着如何解决苏州、湖州丝行面临的困境，下人送来一封信。乔致庸接过信一看，原来是潞州织染坊的管事写的。说苏州、湖州生丝进价太高，而织染后的丝绸却不能提价，几乎没有利润可言。而且地方官府增加了税收，织染坊怕是难以维持下去了。

乔致庸心里十分着急，便让车夫备下车马，再叫上李大掌柜及护卫程之善，一起赶去潞州，想看看究竟是怎么回事。

第二天傍晚，马车行至潞安境内的山道上时，突然被一队绿营兵丁拦住了去路。这队兵丁的头儿是个正四品佐领。他喝令乔致庸几人下车接受盘查，李大掌柜跳下车对佐领说："我们是从祁县来的商人。"话音未落，佐领就下令将几人全抓起来。

乔致庸怒斥："你们不是官军吗？为何不分青红皂白抓人！"

佐领不再理睬，直接将乔致庸几人押到了潞安府衙。佐领对知府说："这几人犯有资匪罪，好好审审。"

乔致庸怒声大喊："大人，冤枉！我们都是守法商人。"

知府看了几人一眼，不屑地说道："守法商人？你们谁没给土匪、捻子、长毛子（太平军）送过银子？先关起来，好好想想！什么时候想起来，交代了，再定罪论罚。"

乔致庸正要争辩，几个衙役便过来将他们粗鲁地推进府衙大狱中。躺在大狱的草垫上，乔致庸感到耻辱、憋屈，口中念道："资匪罪，这是什么罪？乔某何时资过匪？"他越想越恼。

程之善见乔致庸情绪反常，便在一旁帮他分析此事的真正症结点是什么，以想出应对之法。他说："东家，是不是上次在赊旗店遭遇捻子绑票的事？"

乔致庸说："遭遇绑票勒索能说是资匪吗？再者，绑票之事，他

第六章　兴造大院非本愿

们又是从何处得知的？且那个佐领没有审问就说是资匪罪，显然是他事先就定好了的。"

这时，车夫老三插嘴道："东家，这事往简单处想，反倒容易想通。谁都知道，太行山的这一段匪徒多，往来商家少有不被勒索，送上银子保命是寻常做法。而今，官府欲敲诈商家，需要找个冠冕堂皇的理由，只要把遭匪徒勒索者，定个资匪之罪，抓回来一审，便是十拿九稳的事。"

程之善顿时醒悟："难怪那知府会说，你们谁没给匪徒送过银子，显然他对商人常遭绑匪勒索是极为了解的。作为朝廷命官，不去平贼剿匪，维护一方平安，却对遭受过匪徒绑架勒索的商人下手，这帮贪官污吏，真是卑鄙至极！"

乔致庸也解开了心结，心里已有了打算。

次日，知府亲自提审乔致庸几人，他也有自己的打算，若这几个商人识相，交上银子，那便相安无事；若不认罪，就用重刑，若仍死不认罪，便按戡乱之法，先斩后奏。他的手段，屡试不爽，从不信商人惜财甚于惜命。

果然，乔致庸一上堂，便认罪画押。知府也不再废话，直截了当地说："谅你等认罪态度尚可，本府做从宽处置，每人缴纳一万两赎罪银，你等皆可开释。"

乔致庸自知，与这枉法贪官说理、争辩都是无益，只有脱身后再想法子。于是，他请知府放出程之善去筹银子。知府也不多言，让程之善三日之内送来银子赎人。

几天后，乔致庸终于脱困，他从潞安府返回了祁县家中，便开始搜集地方官府贪赃枉法的种种证据，准备上京告御状，结果被曹管家劝阻。"要告御状还得使银子，但官官相护，使了银子告状也未必有结果。一不小心，就会把自己整个人都折进去。"

乔致庸猛然感觉自己的好运气似乎用尽了，还是隐忍等待机会为好。过了几天，潞州那边又有书信传来，潞州的织染坊因原料、资金无以为继，已关门歇业。史载，因官府横征暴敛，社会大动荡，流寇四起，广大机户不堪其苦，怒而"焚烧绸机，辞行碎牌，痛哭奔逃，携其赔累账簿，欲赴京陈告，艰于路费，中道而阻"。终使潞绸行业一蹶不振。

国家都将灭亡，自己生意的前景乔致庸自然心知肚明。洋人不断强逼清政府开放口岸商埠，并享有税收优惠，且洋船直通各口岸，占有运输优势；洋机器蒸压砖茶也比人工生产快捷，机器生产的厂丝也优于手工纺织丝。乔家的两大生意仅仅兴盛了五六年，就遭到无情打压，已经赚到手的银子也常被官府惦记，以种种由头被盘剥。美好的梦想——破灭，残酷的现实使乔致庸心力交瘁。他紧攥着书信，喃喃自语：我当然想像当年的晋商前辈那样走遍天下，建不世之功，可是到了这里，利禄之念顿消，什么货通天下，走万里商路，统统都不想了。

一天，乔家的在中堂内堂，乔致庸坐着，目光呆滞地望着窗外。刚满三岁的景俨在他身边自个儿玩耍，二儿子景仪进来唤他们去吃饭，见老爹神情呆滞，担心地问："爹，你的脸色不好，是身体不舒服吗？"

乔致庸淡淡地说："爹心里更不舒服。"

"爹是有什么心事吗？不知孩儿能否为爹分忧？"景仪问。

乔致庸说："众多晋商一生北到大漠、南到南海之滨、东到极边、西到蛮荒之地，不仅受土匪勒索、洋人欺压，甚至还受官府盘剥欺诈，他们历尽千辛万苦，做的事有哪一件是能够长久留存后世的？"

景仪问："爹，您到底想说什么？"

乔致庸说："景仪你读过很多书，这些道理你肯定能懂。我们在人世间辛苦劳作，四处奔波是为了什么？所有这些贪婪和欲望，所有

第六章 兴造大院非本愿

这些对财富、权力和名声的追求，其目的到底何在呢？"

景仪稍一思索，说道："别人都说您是一个儒商，一心想着为国为民多做点好事。您追求名利的目的当然是想得到世人的认同和赞美，让后人能把您的这种精神和美德传承下去。"

"你所说的这些都是虚无缥缈的东西。眼看国家就要亡了，可我就是救不了国、济不了民，也一定要在世上留下点牢靠的东西，我非要留下一些牢靠的、实实在在的东西不可！我要把这几年赚到的银子全拿出来，我要盖楼院，盖数百年也不会坍塌的大楼院，让后人看看我们乔家的作为！"

"爹是说要盖房子？"景仪迟疑了一下问。

"国家的事我管不了，自家的银子还是能做主的。我就用我这些年赚到的银子盖房子！景仪，你现在就去！把咱家周围剩下的空地全买下来，人家要多少银子，咱给他多少银子！买下这些空地以后，你给我去请天下最好的匠人，好好地盖一座祁县最奢华的大院，总比让贼人抢去，让洋人掳去强！"

人生不如意十之八九。虽然乔致庸有经商天赋和才能，却偏偏生逢乱世，没有施展才华的舞台。帝国主义列强对中国强取豪夺，昏庸腐败的清政府只会屈辱求和，任人宰割，乔致庸敏锐察觉到"国将不国"的灭顶之灾，痛彻地感到自己以商兴国、以商富国的理想破灭。这样的社会现实，让他心力交瘁，性情大变。这个曾经坚决反对建宅置院的儒商，一改以往不治家宅的传统，决定给子孙留下些什么，开始把主要精力倾注在修缮扩建宅邸上。

晋商虽四海漂泊，却始终把宅院作为成就家业后的可靠归宿。宅院也是一个人、一个家族财富、权势、地位的象征。把家业传承百年，这是乔致庸做出修建楼院决定的另一原因。

第三节　扩建大院

晋商经乾隆、嘉庆、道光几朝的发展,资本如滚雪球般膨胀,外出经商的人将大批白银转入山西,临汾一地"方其盛时,自数百万数十万之家相望,饰亭台,聚古玩,买姣童于吴闾,购美玉于燕赵,比比也"。乔家经商始祖乔广发也是在此期间发财致富的,虽然他没有像其他富商那样肆意挥霍,却也不忘购地置产。

乔家大院始建于乾隆年间,最初的大院位于大街与小巷交叉十字路口,乔致庸的父亲乔全美与两个兄长分家后,便在十字路口的东北角买了一处院落,并在原来院落的基础上建起楼院。这楼院是封闭式的,有窗棂而没有门户,上楼的楼梯也被藏在内部。格局则是里五外三的穿心楼结构,主楼造型为硬山顶屋盖。

不久,乔全美又在主楼东侧修建了一个小院落,因这个院子像是斜倚在主楼旁的,且比主楼小很多,便成为偏院。如今大院要扩建,也只能从偏院向东面伸展。不巧,东南面有座三官庙,影响到大院的整体扩建,因此,乔致庸打算把三官庙买下,但这牵涉村东头王家的利益,王家为了保留这三官庙,故意开出一个让乔致庸无法接受的高价和较苛刻的附加条件。无奈,乔致庸便用银子暗中打通了几户王姓人家的关节,双方经过协商,最后议定由乔家另选一处地方为王家盖一座新庙,旧庙让乔家拆除。

旧庙拆除后,乔致庸忙于筹划盖新楼院之事,为王家修庙的事就暂时搁下了。王家有人原本就不太赞成撤除旧庙,而现在又见乔致庸拖拖拉拉,心中更加不满。就在这个时候,王家在外地做镖师的小伙子王六儿回家来了,见自家的三官庙被人拆掉了,很是生气,而王家

第六章　兴造大院非本愿

又有几个人煽风点火、挑拨是非，王六儿顿时怒气冲天，拍案骂道："他乔家有几个臭钱就如此仗势，连我们家的神庙也说拆就拆，真是欺人太甚了，不给他们点颜色看看他们就不知道王家也是不好惹的主！"当即，王六儿拿着镖枪，带着一帮王家族人，气势汹汹来到乔家在中堂大门前一阵阵叫骂，并指名道姓要乔致庸出来给王家一个说法。

乔致庸听到骂声，起初也很生气。他想，我虽然只是个商人，但也不是随便什么人都可欺辱的。无论是面对洋人、官府，还是面对路匪、长毛捻子，我乔致庸何曾轻易服软！一个小小的镖师，竟上门来耍威风，我乔家的护卫也不是吃素的。但转念一想，乔家自创业始祖乔贵发起，一向崇德尚义、和睦乡里、扶危济困，仁义财主的美名扬于关内外，而我辈岂能因一点小事和误会就与邻里交恶，毁了几代人与人为善的声誉？有道是，退一步海阔天空，忍一时风平浪静，万事和为贵，这才不悖始祖初衷。

深思熟虑之后，乔致庸泰然自若地走出大门，与王六儿和谈，并请来村里德高望重的老人主持公道。此事有争议的方面经协商得到妥善解决，最终双方达成协议：乔家在距离旧三官庙不远处为王家建一座新庙，并马上动工。待新庙建成王家认可后，旧庙的地基按之前议定的价格转让给乔家建楼院。

用地的问题解决后，乔致庸开始对扩建楼院进行全盘规划。乔致庸是半路出家的商人，虽然在经商过程中，有时为了生存也使些手段，但在他的骨子里，依然保留着文人理想主义的烙印。这种理想主义使他火热的内心始终不甘于平庸，激励他不断进取，凡事要么不做，要做就做最好，这也包括扩建大院。

为了把楼院建成全县之最，将院落修建得更气派一些，乔致庸带着儿子景仪、杨总账房、程之善等人观摩了好几座富商的宅院。

他们首先参观了位于城东大街的渠家大院，这是一座五进式穿堂院、明楼院、统楼院、石雕栏杆院、戏台院巧妙组合，错落有致。悬山顶、歇山顶、卷棚顶、硬山顶样式各异。院落之间，由牌楼、过厅相接，形成院套院、门连门的美妙格局。其中石雕栏杆院、五进式穿堂院、牌楼院、戏台院，堪称渠家大院的四大建筑特色。

随后，乔致庸又观摩了太谷曹家大院。大院分南北两部分，东西并排着三个穿堂大院，上面连接着三座三层高楼，内套若干小院，整座院落，院中有院，院院相连，布局严谨，其间有精美的雕刻绘画。远观，宅院呈"寿"字形，外观雄伟高大，形似城堡，在周围低矮民居建筑中格外醒目。这座"寿"字院是曹氏家族中一个分支的脘堂，三座大院取多福、多寿、多子的寓意而称为"三多堂"。

接下来便是榆次车辋村常家庄园。这座庄园的特色是拥有北方民居中最大的园林湖泊，好似南方园林的景观，亭台楼榭、小桥流水，古板的山西大院中透露出难得的灵气和秀美。庄园中有可庄园，可居、可读、可修、可思、可赏、可游、可悦、可咏。贵和堂老宅建于乾隆末期，是建筑群核心。街两侧深宅大院，鳞次栉比，楼台亭阁，相映成辉，雕梁画栋，蔚为壮观。

看够了这三座大院，乔致庸还不满足，回来后一想，还觉得有些欠缺。于是，又远去灵石，观赏王家大院。王家大院最大的特色便是有官家气派，这也是未能如愿入官场的乔致庸追求的效果。

王家大院有"民间故宫"之称，有句话叫"王家归来不看院"，王家大院不仅面积大，其木雕、砖雕、石雕亦非常精美。大院建筑整体排列为一个"王"字，主干道为"王"字的一竖，格局为前厅堂后寝居，院落中还隐含了一个"龙"字，饱含王者气势。

乔致庸把这几家大院的特色做了一些分析，结合自家大院构架进行构思，确定了大的框架后，把扩建大院的具体任务交给了次子乔景仪。他知道景仪性子比较急躁，便一再提醒儿子："慢慢建，一定要

第六章 兴造大院非本愿

建成全县甚至全省最好的楼院。能花多少银子就花多少银子！"

景仪故意辩驳道："您不是常说，富不过三代，就因为许多经商人家有了钱就贪图享乐，嫖赌挥霍，大行奢靡之事，讲排场、比阔气。可如今，您怎么也这样了？"

乔致庸气恼地说："若世道太平，我自然不会花这银子。可如今这世道，把银子用来讲排场、比阔气，也比被贪官污吏敲诈了强，也比被那些洋人掠夺了强！建座楼院不只是给你辈留点家产，也是我和先辈曾经在商界打拼过的明证。"

见景仪愣愣地看着他，乔致庸又补充道："告诉那些匠人，楼院要精心盖，用最好的石料、最好的砖，砌墙的时候，要用江米汁掺和白灰、蜂蜜，再加上糖稀，用天下最黏的东西给我抹缝，所有的梁柱都给我用猪血泡，泡完了再给我涂上桐油，保证它们数百年不受虫蚀。我不怕花钱，可谁要给我偷工减料，别怪我不讲情面！"

看着老爹神情严肃，景仪听了连连点头。在修建的时候，他尽量按乔致庸的要求去做。垒砌砖料全部是用最考究的办法，所有露明砖的表面都要依次用砂石和细砖打磨光平，并用竹板抠抿灰缝，灰缝平齐要求很严格。几年后（大致在同治六年，1867 年），乔家大院便具有了一定规模。

远眺，乔家整座大院宏伟庄重，只见望楼高耸，山墙厚重，俨然一座堡垒。主楼为硬山顶砖瓦房，砖木结构，这是乔家大院最早的院落，即老院。三面临街，四周全是封闭式砖墙，高三丈有余，上边有掩身女儿墙和瞭望探口，既安全牢固，又显得威严气派。其设计之精巧，工艺之精细，充分体现了我国清代民居建筑的独特风格。

而新修的是一座里五外三的楼院，新旧两楼对峙，主楼为悬山顶露明柱结构。新旧大院整体布局设计精巧，建筑考究，砖瓦磨合，精工细作，彩饰金装，工艺精湛。仅屋顶而言，可谓高低错落、变化多端。

有双坡五脊的硬山顶，也有四坡九脊的歇山顶。最有特色的是两坡相接处砌成曲面的卷棚顶，那优美柔顺的弧形，像极了山西人温情的性格。

后来陆续兴建了两个横五竖五的四合斗院。四座院落正好位于街巷交叉的四角，为连成一体奠定了基础。而连为一体的建筑群，更显得高大威严、气象森然，散发出汉民族传统文化的精神、气质、神韵。

从高处俯瞰，建筑整体为"双喜"字型布局。四周是高达十余米的全封闭砖墙，院与院相衔，屋与屋相接，鳞次栉比的悬山顶、歇山顶、硬山顶、卷棚顶及平面顶上，都有通道与堞墙相连。

每当夕阳西下的时候，登上大院的屋顶，俯瞰被太阳余晖镀上金色的建筑，全院以一条平直甬道将六幢大院分隔两旁，院中有院，院内有园。四合院、穿心院、偏心院、角道院、套院，其门窗、椽檐、阶石、栏杆等，无不造型精巧、匠心独具。院内砖雕，俯仰可观，脊雕、壁雕、屏雕、栏雕……以人物典故、花卉鸟兽、琴棋书画为题材，各具风采。

主要房屋都是单坡顶，无论厢房还是正房，楼房还是平房，双坡顶不多。由于都采用单坡顶，才使外墙高大，雨水都向院子里流，寓意"肥水不流外人田"。

内观，一条条通道和台阶，将乔家大院所有平房屋顶连成了一个高悬的空间，在这里夏天可以纳凉，冬天可以晒太阳。走进去之后，可见大门的地方，修筑有一条八十米长的大甬道，是乔家大院的标志。新建的一院子后墙砖与砖的缝隙里几乎都让工匠嵌上了一枚铜钱，真正成了用"钱"垒造的宅院。

大院中还建有会馆、宗祠、书塾和观景楼等，皆体现出晋商的精神追求——他们对于和谐、中庸之美的向往。

同时，在营造宅院时，乔致庸还十分注重构建精神内涵以及表现人文追求，如随处可见的雕饰、碑刻、匾额、楹联等，都承载着晋商守信重义、勤俭节约、创新发展、崇尚儒家的思想。宅院整体呈封闭状态，皆按照人物地位安排院落的大小、方位和装饰，布局以厅堂为中心，正房、偏房主次分明，上下尊卑严整，反映出分明的等级关系，成为社会伦理的体现。

乔家大院不断扩建，在乔致庸手里修建的房屋占到现在整个大院的三分之二。乔家大院扩建之后又延续二十几年，在乔景俨手里，将东北院和西北院的过厅，也就是厅堂，修成了"五间八架"结构（间是指房屋的宽度，两根柱子算一间；架是指房屋的深度，屋顶内部用几根檩条就叫几架），而王府的规制不过是"五间七架"。

乔家大院最后扩建成四千多平方米的大院，凝聚了乔家好几代人的心血。

汇通天下一生愿

第七章

第一节 汇通天下构想

同治七年（1868年）初春，晋中下了一场暴雪。乔致庸坐在暖房火炉旁，两眼望着门外，心里觉得空落落的。他看到外面的景色，只见大院内的积雪有一尺多厚了。"好一个倒春寒啊。"他喃喃自语，又把身子往火炉边靠了靠。

这时，大德兴丝茶庄李大掌柜进来，兴冲冲地对乔致庸说："从京城传来消息，朝廷宣称捻军已被剿灭，几年前，太平军也被彻底剿灭了，十几年的内乱终于平定了。"

"仗打了这么久，朝廷的银子都赔给了洋鬼子，而黎民百姓的银子全都被搜刮去打仗。我们做丝茶生意，还不是等于送钱给洋人？同朝廷做生意，那也是给洋人送赔款的生意，除非朝廷能把洋鬼子也全部赶出去！"乔致庸愤愤地说，他的心里早就窝着火。

乔致庸在疏通南北丝茶之路的过程中，发现票号是新的产业，想置办一所属于自己的票号。但是，由于外商进入中国内地，国人的丝茶市场被抢占，华商亏损倒闭，在苏州、汉口的票号倒账数十万，一

第七章　汇通天下一生愿

旦有较大数额的兑银，许多票号就会因放款收不回来而倒闭。帝国主义发动的多次侵略战争，一方面掠夺和破坏了包括票号在内的中国资本家的企业，另一方面引起战争赔款，又转变为清政府要求尚处于发展阶段的资本家捐输，对债务勒派（强行摊派）。在双重压迫和剥削之下，晋商企业大批破产，商业资本损失惨重。而朝廷为了平内乱，又想着法子搜刮民脂民膏，乔致庸理想破灭，开始扩建自家宅院，票号生意没有半点进展。至今乔致庸已有七八年没有提及票号之事了，似乎完全放弃了"汇通天下"的目标。

李大掌柜见乔致庸陷入沉思中，劝解道："如今内乱平定，东家可重圆汇通天下的美梦了，您怎么不觉得这是一件好事呢？所谓否极泰来，不管怎么说，您都得抓住这难得的机会呀。我知道您有意把大德兴丝茶庄改为以办理票号为主，我作为大掌柜，却帮不上什么忙，这真让我既羞惭又着急啊。"

乔致庸轻叹一声说道："大掌柜，此事怪不得你，是我对大清国失望了，把这事耽搁了几年。最初想要进入票号业，我不是看重其中的利，而是把票号当作大清商业振兴的希望！看不到希望，我便松懈了。平遥的日升昌已经开了几十年，经历的天灾人祸不少，不知他们是如何撑下来的，过些天去拜访一下。"

"我就知道东家从未放弃梦想。既然如此，择日不如撞日！"李大掌柜等不及了，接着喊道，"老三，快备车去平遥城，东家今天要办大事，想知道人家日升昌票号是怎么开设、发展起来的！"

"今日的雪可不小，五六十里路程，东家又要吃苦了。"老三一边嘟囔，一边把车赶过来，乔致庸捂着袍子，坐上了马车。

十余年间，乔致庸已经名声大噪，到了平遥，日升昌总号第二任大掌柜程清泮亲自带二掌柜、三掌柜，将他迎了进去。

票号院子正中，摆着标志性的青石元宝大水缸。门洞两侧是柜房，东柜房办手续，西柜房取现银。"

程清泮沿着长廊边走边说："敝号早已接到恰克图分号的专信，乔东家要汇兑的银子，已经准备好了。"

乔致庸站住恭敬道："程大掌柜，致庸今日来到贵号，一是要兑取那笔银子，二是想来开开眼。当年雷履泰老先生在我山西众商家之中，独具慧眼，见识精深，敢为天下先，与财东李大金先生一道创办日升昌，开了票号业的先河。程大掌柜更是青出于蓝而胜于蓝，继承雷先生的事业，为不少商人开了便利之门，不少地方只要带着一张日升昌的银票，就能畅通无阻。程大掌柜，这件事可是自古以来从没有过的大事，功在当代，惠及千秋啊！"说着他深深地作了一揖。程清泮听着乔家当家人的恭维话颇为受用，客气道："乔东家过奖了。老朽虽然孤陋寡闻，却也知道祁县乔家的'亮财主'胆识过人，南下武夷山，北上恰克图，再下苏州、湖州、杭州，为天下丝茶商疏通了商路，美名远扬。今日得见，乔东家果然气宇轩昂，光彩照人，不愧为晋商精英啊。"

"惭愧，惭愧。"乔致庸哪里敢受这些话，谦虚了半天，又恭敬道，"致庸去恰克图之前，虽也听说过日升昌票号，但走包头、下江南，都与票号无业务往来。直到几年前在恰克图真正见识了票号，大开眼界，此后一直想来贵号取经学习，一直没得空闲。今日终于有机会登门，老前辈能给致庸讲讲贵号发展史吗？"

程清泮心中已经颇为得意，说道："乔东家已经成了敝号的相与，老朽自当介绍一下敝号情况。"

他把乔致庸和李大掌柜带进了雅室，让人奉上香茶。

"好茶。"乔致庸坐定品了一口茶，程清泮笑道："乔东家，你对我们这一行多少有些了解。一是敝号可以为相与商家办理异地汇兑，这是票号的主营业务，现今我们又开始兼营钱庄，主要业务包括两个

第七章　汇通天下一生愿

方面，供客商们把银子换成制钱，或者把制钱换成银子；二是我们吸纳各相与商家一时用不了的银子，存入钱庄，不仅安全，我们还会给利息，同时也给相与商家放贷，倘若做生意没钱，我们可以先放贷给商家。这么说吧，以后乔东家但凡在生意上有和银子打交道的事项，敝号都可以办理！"

"那么票号或者钱庄的收益从何而来？只靠这贷款利息怕是做不了这么大吧？"乔致庸问。

"正是。票号的利润，主要有三大部分：放贷利息、汇水（按汇款金额所收的手续费）、平色余利。"程清泮似乎不想多说。

乔致庸自然能听出来，接着问道："汇票的安全是怎么保证的？"

程清泮说："票号能汇通天下，每天流通巨额银两，无论是汇兑还是放贷，除了严格的管理制度和可靠的信义基础，还需要多重防伪技术。"

"我们晋商一向以信誉为本，信誉方面自然如此，"乔致庸说，"但如果汇票、存单遗失了，或是被人盗走了，银子会不会被人冒领？"

"老朽方才已经说过了，票号有多重防伪技术。既不能伪造，也不能盗用原票，因为有五重加密措施：第一道加密措施是特殊的纸张，用的是专门作坊承印，并加入蚕丝的麻纸；第二道加密措施是防伪水印，汇票四个角上有水印标识'日升昌记'；第三道加密措施是专门的印章，印章定期更换，印章也用特殊技艺制作；第四道加密措施是汉字密码，就是'防假密押'；第五道加密措施是笔迹密码。"程清泮看了乔致庸一眼，疑惑道，"乔东家不是与蔚泰厚票号有过生意往来吗，多少知道点票号的防伪技术吧？"

乔致庸当然知道一些晋商票号独特的防伪技术，从印制汇票的纸张、汉字密押、微雕印章等多层面进行防伪。汇票，使用上乘的纸张特殊印制，沿用的是宋元时期多色套印技术。每家票号的汇票都不相

135

同,首面所印图案是各家的图记,各家都不一样。汇票在折纸内夹印"浮水印",上印红格绿线,同时浮水印处还夹印票号名称。因浮水印藏在纸内,一般平视看不出来,竖起来透光而照,方可发现。比如,日升昌汇票的浮水印为"昌"字,蔚泰厚汇票的浮水印为"蔚泰厚"三字。密押,押是密码、暗号。晋商以汉字作为密码符号,用来标识签发汇票的时间和汇兑的银两数目。凡是签发的汇票,下面都有一行汉字作为暗号,分别对应着日期和银两数目。一般人看不懂,持票人也毫不知情,只有懂密码的业务人员才看得懂。

乔致庸想多了解一点这方面的技术,以便自己的票号借鉴。程清泮也猜到乔致庸的意图,心中略感不悦,但还是客气道:"乔东家,每个票号都有各自的加密之法,既然您是票号的客商,老朽不妨多举一例。日升昌票号以'谨防假票冒取,勿忘细视书章'作为十二个月份的密码,汇票由专职人员用毛笔书写,书写人员的笔迹信息也会通报给日升昌所有票号。"

乔致庸笑道:"还真是奇才之法,致庸虽然难解其意,但也受教了。"说着取出汇票:"程大掌柜,这是致庸的汇票,请过目。"

程清泮略验看了几眼便道:"乔东家的票自然不会有错的。"他将汇票交与二掌柜,吩咐道:"让柜上办去。乔东家一定很忙,尽快办完了好让乔东家办自己的事。"实际上,他是担心乔致庸挖根刨底再问一些不便回答的问题。

雅室内,乔致庸正在和程清泮有一搭没一搭地聊着,虽然乔致庸还是很想聊聊票号,但程清泮已经基本不正面回答了,总是改换话题扯闲篇。

乔致庸又转回话题道:"程大掌柜,你这拿银子生银子的买卖,不该叫票号,该叫银号。"

程清泮摆摆手:"那可不行,银号太惹眼。兵荒马乱的年岁,还

第七章　汇通天下一生愿

是低调为好！"

不多久，日升昌的二掌柜便进门递过一张银票。程清泮接过那张银票，交给乔致庸："乔东家，这是转存的一张银票（存单），乔东家通过敝号从恰克图汇来的银子，扣除了若干汇水，已全部转为敝号的存款（活存），您拿上这张银票，何时来支银子自用，或者支银子给相与商家都行。"他说着起身，摆出一副送客的样子。

"多谢程大掌柜。不过，致庸今日来，还有几句话想对程老前辈讲！"乔致庸站起身，笑着道，"自打在恰克图见识贵号的分号，致庸心中一直都藏着一句话，想到日升昌票号对大掌柜说出来！致庸不才，认为日升昌票号为我们商家做了一件大好事，可惜目前票号太少，能够从中获益的商人还太少，致庸为此深感惋惜！"

程清泮讶异道："乔东家的意思是分号开得越多，赚钱就越多吗？非也。设分号的地方与总号之间、分号与分号之间，必须有频繁的商贸往来，不然，设了分号而无人来办汇票，岂不是要亏本？"

乔致庸恭敬道："程老前辈，致庸自从在恰克图领略到了票号的好处，就一直在思考，觉得票号好是好，就是太少了。据我所知，大如日升昌，也只有北京、天津、杭州、福州、恰克图五个分号。分号这么少，自然不可能为更多的商家办理汇兑业务。倘若我要去武夷山购茶，抑或要去苏州、湖州、嘉兴购丝，而那些地方没有分号，我还是要携银子去。比如我们大德兴丝茶庄，要北上包头甚至科布多，或南下苏州，银子都得自己来回带，又费力又操心，路上风险也大。大批中小商人本小利薄，最需要票号的帮助！您想过没有，如果有一天我们真把票号开遍了全国，商人们仅凭一张小小的汇票就可以走遍天下，那是个什么气象！到那时，天下再没有流通不起来的货物，也再没有流通不起来的银子，这会给天下人带来多少财富！真到了那一天，我们这一代商人，会做出怎样的成就！无论是前辈还是后人，我们在他们面前都将毫无愧色……"

听着乔致庸的高谈阔论,程清泮也确定了他确实有进军票号行业的打算,脸上已明显有了不悦之色。

李大掌柜在一旁直给乔致庸递眼色,乔致庸没有注意到,还满怀激情地说:"致庸今日到贵号来见程大掌柜的目的之一,正是想与前辈谈谈汇通天下的构想。致庸认为,日升昌创票号业,第一次让商人们走遍天下做生意成为可能,这是我们商界开天辟地的事!但时至今日,我们山西也仅有七八家票号,可商人那么多,远远满足不了他们的需求。若能让票号遍及天下,北至包头、张家口,南至湖广、闽浙,西至迪化(今乌鲁木齐),东到上海,织成一张庞大的信用之网,让大中小商家皆能以这个网为依托,凭信用做生意,我们就能实现晋商前辈一直梦寐以求的货通天下的理想,而票商也能汇通天下……"

李大掌柜拽了拽乔致庸的袍角,示意他打住。旁边程清泮已背身而立,显然不想听他再说下去。

乔致庸还想说,程清泮再也忍不住,不耐烦道:"乔东家对我们票号业如此感兴趣,是也想做票号生意吧?"

乔致庸直言不讳道:"程老前辈,致庸现在觉得,票号业的兴衰将决定中国商业的兴衰。致庸一是敬慕前辈,二是深感作为晋商的一员也有责任追随老前辈,将票号这一行业发扬光大!"

程清泮谑笑道:"乔东家这些恭维话怕是口不从心吧?我算是听明白了,你是在向日升昌示威啊,不仅要跻身票商之列,还想踩在日升昌头上!"

乔致庸这时才觉得尴尬,急忙诚恳道:"老前辈不要误会。日升昌是票号业的首创者,老先生又是山西票商的领军人物,致庸即使真的进入票号业,也只是想追随老先生。如果把日升昌比作那张遍及天下信用之网的总纲,乔家大德兴丝茶庄就是那票商网上的一个小目。

所谓纲举目张,希望大德兴能在日升昌的带动下,为实现先辈们汇通天下的理想出份力。"

程清泮也不掩饰自己的不快,脸色阴沉地哼了一声。李大掌柜赶紧在一旁打圆场道:"程老前辈,请允许在下插一句话。东家的意思是,要将票号业办好,实现货通天下、汇通天下的目标,需要许多票商一起努力,东家多年来非常想跟老前辈学习,想让大德兴也成为票商一员。"

程清泮侧身面对着二人,大笑道:"乔东家,还有这位李掌柜,今天你们真是抬举老朽,什么'将票号开遍天下''让天下所有的商家都变成票商的相与',"他神色一敛,肃然道,"看得出来,乔东家是个有雄心壮志之人,老朽佩服。只可惜,这不是老朽的师傅创办票号的初衷,最初票号只不过是为了帮助本乡本土的商旅,同时自己也挣点银子,从未提及货通天下、汇通天下的构想。票号传至老朽手中,自认为竭尽全力,也仅把业务范围拓大了一些,哪有能力做到汇通天下?不过,乔东家有信心、有实力去搞汇通天下,老朽绝不拦着,但也帮不上什么忙,出不了什么力。对不起,让两位失望了!"

见程清泮言尽于此,乔致庸看看李大掌柜,无奈地摇了摇头。二人交换了一下眼色,乔致庸也不再多说,拱手告辞。

出了日升昌的门,乔致庸终于忍不住说道:"靠程大掌柜这些人,实现汇通天下的目标简直是痴人说梦。要实现汇通天下的目标,必须靠自己,这个目标一定能在我们这一代人手中实现,我绝不放弃!"

从平遥回来后的第二天,乔致庸把大德兴丝茶庄的大掌柜、二掌柜、大伙计、跑街伙计一干人全部召集起来,郑重宣布:"朝廷内乱既已平定,致庸要和诸位带着乔家更上一层楼,我们不但要继续走茶路、疏通丝路和绸路。另外,有一件大事我要通告大家,自今年开始,大德兴要有所转变,丝茶生意要做好,更重要的是,我们要把票号生意当主业来经营！"

众人一听都傻了眼。他们都是做丝茶生意的行家，而今要主营票号，他们哪儿懂呀。

乔致庸见大家面面相觑，便问道："在座各位里头，有没有对票号业有所钻营的？"

众人又把头摇得像拨浪鼓。见状，乔致庸又安慰道："大家别急，不懂票号生意不打紧，丝茶庄还是会继续开下去的。票号也好，丝茶庄也罢，乔某都将做到专才专用，绝不会舍弃大家的。"

说到这里，乔致庸扫了他们一眼，又提高嗓门说道："最后再说一句，我们做生意的人，不能只想着生意，心里要装得下整个天下，不然，生意路就会越来越窄！还有，你们所有人，哪怕只是伙计，也要用心把大德兴和'复字号'的生意做大，还要把自己历练成一个心怀天下的商人，这样你们以后都能做大掌柜，把生意做到天涯海角去！"

第二节 高才委重任

同治八年（1869 年），在乔致庸的主持下，大德兴丝茶庄的票号生意正式开张，遭遇的第一个难题是懂票号生意的人才不足。乔致庸把大德兴总号、包头复盛公总号及分号大掌柜、二掌柜、大伙计都一一比较：大德兴总号李大掌柜虽然管理能力很强，但办票号还不够专业；二掌柜程忠美主管丝茶生意，这桩生意是乔家的支柱，不能丢；复盛公总号的武大掌柜已经告老还乡，马公甫接任大掌柜，包头的生意全靠他管理；范炳仁年岁已大，仍常驻科布多，虽然近几年与俄罗斯、蒙古的丝茶生意淡了不少，但粮、油、酒、醋的外贸生意还是很不错；复盛西号马荀精明能干，虽只执掌分号，但复盛西的地位完全可与复盛公总号比肩，也不可轻易调动，何况他不识字，主管票号生意显然是不行的。其余十多个分号的掌柜也都从未接触过票号，也难胜任票号经营管理工作。

乔致庸思虑再三，决定招一批学徒，给予丰厚的奖励，再找来专业的师傅，给他们做专业培训，让他们边做事边学习。他根据以往经验和借鉴其他票号的一些做法，亲手制定了大德兴票号的学徒招聘规则。

第一，避亲戚不用。亲戚中的"三爷"，即少爷、姑爷、舅爷被明确排除在外。

第二，一般只用同乡，主要是保障信用。晋商把信用看得很重，只有本地人的家庭和个人信用情况容易被调查清楚，票号方便了解员工的过去、道德品质，可以将有犯罪前科、有污点的人排除在外，得到同乡中最精英的人才。另外，票号工作经常要远离家乡，接触大笔银钱，员工家在本地，总是有个挂念，也是保障工作安全稳妥的条件。

第三，调查应聘者三代品行，曾做何职业，是否清白。申请入号的学徒出身要好，两代之内、近亲之间未出现过偷窃、犯罪等行为。

第四，相貌端正，习于礼节，仪态大方，年龄一般在15—20岁，身高五尺以上。

第五，实行保荐制度。要有殷实的商号为其作保，如果员工出现失误，作保的商号要负责赔偿损失。得到铺保并不是一件容易的事，与员工自身及其祖上的信用、人际交往有着重要的关系。

乔致庸对专业人才特别重视，亲自主持学徒"请进"考试。按常规，学徒从开始申请到正式成为票号的员工需要经过"十关"，欲为练习生，须先托人向票号说项，票号先向保证人询问练习生的三代做何职业，再询问本人的履历，认为可试，再进行口试和笔试，如合格，择日进号，名为"请进"。

乔致庸从申请者中挑选出了十余人,当堂面试。他问:"开票号最重要的是什么?"

有人说信誉最重要;有人说必须资金雄厚;也有人引用店规说,宁可赔折腰,不让客吃亏;还有人说,大凡学做生意,首先必定要吃三种苦:学习的苦、孤单的苦、失利的苦。

乔致庸听着微微点头,笑道:"你们说得都没错,做生意就是要勤吃苦、不怕苦。举个例子,你们学成后,可能要到包头、到蒙古大草原去做生意!我不骗你们,那里很苦,一到九月就下大雪,寒风刺骨,滴水成冰;到了那得学蒙语、俄语,一大早起来就得练,也不容易学会;照店规你们去了那里,一年才能回来一趟,当学徒四年后才能回老家,要抛家舍业,离开父母妻儿,遇到不痛快的事哭都找不到亲人。我不是吓唬你们,我说这些话是想告诉你们,要是你们中间有人怕苦,最好待在家里别去,别怪我这个东家没提醒!"

这时,最后一个学徒站起来,大声回答说:"开票号,处理好各方面的复杂关系才是最重要的。"

闻言,乔致庸一愣,忙问:"此话做何解释?"

"生徒认为,与票号打交道的人不只是商户,兵荒马乱年月,上至达官贵人,下至黎民百姓,都对票号有所依赖,获取他们的信任与支持,才是票号生存与发展的根基。票号还要跟官吏搞好关系。票号不仅要有雄厚的资金实力来保证汇兑生意的正常开展,还要得到客商的信任,在汇兑存放业务的开展中,能够以客商的利益为重,起码不能因为票号的利益而轻视别人的利益。"

乔致庸听了这番话,内心很受震动,他问:"你叫高钰,是吧?多大年纪?从哪里学来的这套说辞?"

这个学徒回道:"生徒已满十六岁。如今的世道,哪个做生意的能不靠当官的给些方便呢？票号更是如此，这些话是这些日子琢磨出来的，没人教。"

乔致庸对这个学徒很满意，后来对他特别关注。

这一次共"请进"包括高钰在内的十来个学徒。成为学徒后，需学习日常礼仪、商业基本技能、专业技能。

日常礼仪方面：学徒第一年就是做诸如打水扫地、伺候掌柜等日常杂务。清早起在诸人之前，夜晚睡觉在诸人以后。"学所做之事：扫地、掸柜、抹桌、擦椅、添砚池水、润笔、擦戥子、拎水与人洗脸、烧香、冲茶，俱系初学之。学小官，扫地先将水洒，可免喷灰。次之，一帚压一帚，轻轻而扫，勿使尘飞。客到，俟客坐定，即斟茶，双手之请茶奉过，退两步，再回头走。茶吃过，即奉烟、请烟。如客坐多时，再茶再烟。客去即将茶钟（盅）、烟袋归于原处，不可东搭西愦（即掼，扔之意）。"①这些杂事看似不起眼，却是培养人才的第一步。只有做好了杂事，培养起对长辈、顾客的尊重和合乎礼法的举止，才有可能取得信任、赢得生意。晋商票号通过规范学徒的言行举止，为日后提供优质的服务、树立良好企业形象奠定基础。

商业基本技能：学徒在这一过程中，必须学会察言观色，用心揣摩掌柜的脾性，投其所好。对待客户也要如待掌柜一般。技能训练还包括写字、珠算、写信等，在蒙古、俄罗斯等地的学徒，还要学习其语言、骑马、驾驭骆驼等技能。需掌握产品知识（如产地、价格、主要特点）、营销技巧、交易方式，以及了解物品从产地到销地包括途经地点的风土人情。专业技能的训练根据行业的不同各有区别，而票号的技能性更强，还要学习辨别银钱成色，以熟练掌握各地平码银色的折算标准，熟悉加密技术及辨识。"业务上之统筹方法，计算上之经济技巧，无

---

① 庞利民：《晋商与徽商》下卷，安徽人民出版社，2017。

一不通"。

技能性最强的当数之前提到的汇票（存单）加密及辨识。票号通过密押、纸张、浮水印、印章等层层防伪，确保汇票不会被冒领和伪造。大德兴通常以"生客多察看，斟酌而后行"，或"赵氏连城璧，由来天下传"10个字，代表"壹贰叁肆伍陆柒捌玖拾"10个数字。有的票号以"国宝流通"，代表"万千百十"。除了写在汇票上的密码，还需要加盖防伪印章，为此也带动了另一项技术的发展——微雕。微雕，盛行于明朝，当时称为神工绝艺。防伪印章就是用微雕刻出来的。微雕师需要有深厚的书法和绘画功底，才能完成印章上的雕刻。晋商将明朝的图版雕刻加以创新，作为汇票的防伪技术。山西票号最具代表性的微雕技术，是在一枚印章上雕刻王羲之的《兰亭序》，一共324个字，其精巧细致的工艺令后世惊叹不已。

除此之外，乔致庸还制定了学徒道德操守，它告诫学徒们，要想成功，需"重信用，除伪劣，节情欲，敦品行，贵忠诚，鄙利己，奉博爱，薄忌恨，喜辛苦"等，坚持"黜华崇实，不为习俗所移，且益加慎敏，延名师教育青年伙友，讲名著，培养立身基础"。① 他始终认为儒贾相通，"命阖号同人皆读《中庸》《大学》，盖取正心、修身，而杜邪教之人"。

"明德"是乔致庸一生最看重的品质。无论做人办事，还是任人立规，乔致庸都十分重视道德水平。他觉得，如果才能平庸，但经营有"德"，店面还可维持；如时间长久，奠定信誉，还可能有大的发展。如有才无德，经营全靠取巧投机，虽有短期获利，长久必坏大事。

他对学徒道德操守的考核也有自己的方法：如远则易欺，远使以观其志；近则易狎，近使以观其敬；烦则难理，烦使以观其能；卒

---

① 王渊：《基于人本文化视角的山西票号经营管理研究：对现代商业银行的启示》，山西经济出版社，2013。

则难办,卒问以观其智;急则易爽,急期以观其信;财则易贪,委财以观其仁;危则易变,告危以观其节;杂处易淫,派往繁华以观其色。①

大德通最后一任总经理曾说过这样一段话:"票号以道德信义树立营业之声誉,故选职员、培养学徒非常慎重,人心险于山川,故用人之法非实验就无以知其究竟。"

高钰经过两年多的学徒培训,顺利通过出班考核,成为大德兴丝茶庄票号的伙友(伙计)。

在往后十多年的伙友生涯里,高钰各方面的表现都十分优异,他才华出众、精明能干、多谋善断,在众多伙友中脱颖而出。乔致庸重用高钰,让他出任大德通票号经理。又十年,大约从光绪二十二年(1896年)起,高钰出任大德通票号总经理。

对票号经理人才的选用,乔致庸一向是慎之又慎。他常对李掌柜说"财东必须成为使用专家的专家",为此,在选择经理人才时,他不仅去别家票号取经,还翻阅了大量专业书籍。

票号成立之初,财东便要聘请经理,由介绍人说项,或自己注意察访,认定某人有谋有为,足以担当票号经理之职责,则以礼招聘,委以全权,秉承用人莫疑、疑人莫用之旨。被聘请的经理,事前须与财东面谈,考察财东是否信任自己,然后陈述自己开展业务及管理人员之主张,如果主张与财东相同,即算成功,然后双方签订合同。

票号财东与其聘用经理之间的关系体现了"信义精神"。将资本交付于经理一人,而经理于经营上的一切事项,财东一般不加过问,静候决算时的报告。而经理则需尽心尽力帮财东打理票号,以自身专业的视角运筹全局,保证财东资产不受损失。

---

① 王渊:《基于人本文化视角的山西票号经营管理研究:对现代商业银行的启示》,山西经济出版社,2013。

当然，在经济待遇上，在票号成立时就确定了经理的"人力股"的份额，相当于"干股"。经理不出资本，也能和财东的资本股一样分红。很多时候，分红收入远远大于工资。分配杠杆的倾斜，也极大地调动了经理的积极性。经理优厚的薪酬造成了求职者激烈的竞争，各家票号也提高招聘条件，只招收优秀人才。

乔致庸为了物色优秀经理人才，让其孙乔映霞（景仪之子）四处访贤，给出业界超规格的待遇，但一直未能如愿。

慷慨解囊纾国难

第八章

第一节 拒买官位

乔致庸在创办票号的过程中，又恢复了往日的斗志，努力向"汇通天下"的目标奋进。其时，乔致庸已经年过半百，在商海历练二十余载，深知商人赚钱多了，就要贿赂官员，以获得保护，这是潜规则。而且，经商的权利也是政府"赐"的，给你多少资源、多少经商的权利，完全取决于政府和官员。晋商中，有不少人非常会打点关系，上至中央的各部尚书、郎中，下至各个部门的门房、库房士兵，乃至管事的老妈子，不仅在办事的时候有打点，而且每逢年节必有赠款，把各个门路打理得妥妥的。

但乔致庸非常反感平白无故地给官员送钱，他宁可多做些善事。他把做善事当成他生活中最大的乐趣。一些地方官员见某家发财了，总是想方设法，巧立名目向富户敲诈勒索。甚至连朝廷也打开了捐纳之门，捐官筹钱，按照捐输的多少，分别给捐者不同的官衔。众多有钱的无能之辈当了官，大多数都是财主少爷、纨绔子弟，他们不走科举之路，用这种方式当上了官。对此，乔致庸一向看不惯。

一次，乔致庸与杨总账房等人去北京考察在京设立分号之事，从京城返回时，路过一处官邸，乔致庸见很多人在一衙门前排队，便用手指向那边，问道："杨先生，那些人是干吗的？"

杨总账房顺着他手指的方向看去，只见一座气派的官邸外，畏畏缩缩地站着十几个身穿旧官服的男人，他回道："他们呀，都是些在京候补的官儿。这里是吏部堂官的府邸，他们只怕都是来给堂官送银子的，想托他捐个顶戴，早点补个实缺。"乔致庸大为惊讶："一个小小的吏部堂官，竟有那么多人巴结？"杨总账房笑了笑，说道："东家，您可别小看一个吏部堂官。您看这些来补缺的人，其中不乏从二品顶戴、三品顶戴呢！吏部堂官虽小，却掌管着这些朝廷大员的升迁，过不了他这一关，你官再大，就是有银子也递不上去。他们哪敢不来巴结？"

乔致庸忍不住生气道："什么叫作贿赂公行，这就是贿赂公行！在天子脚下，这些肮脏的事也敢公开地干？"杨总账房见乔致庸这般生气，倒有点惊讶了：东家应当知晓这是朝廷的捐纳之策呀。他只点点头，不再多说。可是，乔致庸反而越想越生气："吏部堂官这么干，吏部尚书等官员就不知道？朝廷里的御史台干什么去了？难道什么也不管吗？"

杨总账房压低嗓音道："东家，您还是读书人的脾气，大清国从朝廷到地方都是这样啊。要说其中也有人是被逼的，他们原来就是官，不过是家中父母过世，暂时丁忧，离开了朝廷，再回来就不容易捞到实缺了，花点银子不过是想尽快回去当官。要说呢，其中也有正人君子，只可惜没遇上个好时代，不得不走这条道！"

乔致庸一愣："怎么，这些人里头还有正人君子？他们捞到实缺之后还不是去盘剥百姓呀。"

杨总账房笑道："东家读过不少史书，乱世官场定是鱼龙混杂。

第八章 慷慨解囊纾国难

有些人表面是清流，骨子里却是污浊的；有些人骨子里还存有一股清流，而表面上又不得不与众人同流合污。因为那些留下美名的官吏往往都有着极为凄惨的遭遇。"

乔致庸不吭声了，沉默半晌，又闷声道："我们快回去，没想到京城也变成了污秽之地！"他不知道是在生谁的气。

返回乔家堡后，乔致庸还反复思考着在京城设立分号之事。这天，乔致庸一早便出了在中堂。太阳慵懒地爬上了树梢，把光芒洒向大地。他上了马车，正要去往大德兴丝茶庄，忽听得一阵锣响，一个衙役扯着嗓子喊："各乡亲邻里，上头发布了新的筹饷捐输文告，大家速速到村头一览。"

村民们最怕听到这锣响，不是派捐就是摊饷。这"筹饷捐输文告"分明就是一张捐纳（捐官）告示，朝廷这一"暂开事例"变成"常开事例"，为私下交易的丑行提供了合法的依据，而今又变成"必开事例"（规定各省捐纳数额）。乔致庸心中不禁惊叹，捐纳被朝廷视为正项收入，大清朝廷如今竟穷困到如此地步！而那些靠捐纳得到实授官职的人，大多是平庸之辈，几人有能力为国分忧？又有几人愿意为国分忧？他们只知道要把捐出去的钱，从老百姓身上压榨回来，这无疑加剧了吏治腐败，是一大弊政。乔致庸心里暗自发誓，绝不花钱捐官。

然而，乔致庸哪里知道，在县衙，乔致庸的名字早被写进了筹饷捐输名单中。在县衙内，县令挨个核查筹饷捐输的名字，发现竟然没有乔致庸的名字，于是对师爷说："上次派下来的海防捐，没有任何报偿，这乔致庸带头，一众商人好歹收齐了！而这一次可以捐纳二品以下官衔，还可以实授，咱祁县，像富商乔致庸、渠源祯之类，捐个官还不是轻而易举，为何他们都不怎么热心呢？"

师爷说："咱山西的商人，大都标榜自己是儒商，他们认为自己不仅是遵守商业道德的模范，还处处显露自己有学问，而花银子买官，反而证明他们是无能的草包。"

县令苦笑道："朝廷居然下旨摊派给了名额和限期，找不到人买不行。师爷可有什么法子？"

师爷思索半晌才道："去年秋上，太爷才把乔致庸举荐为义商，结果换来的只是一个虚名。朝廷都知道山西商人有钱，他们体会不到商人的银子也是血汗换来的，商人拿出银子，只换来一张'正实收'收据，对他们来说一文不值。"

"师爷，你看捐纳价码表，这可都是实授官职。你看本省的，道员5248两，知府4256两，盐运司运同3840两，同知2000两，通判1600两，州同等官300两，州判等官250两，县丞等官200两，县主簿等官120两……价钱越来越便宜了。像乔致庸、渠源祯之流，捐个道员、知府岂不是轻而易举之事？"县令说。

师爷对价码表已烂熟于心，哪里还需多看。他想到另一个问题，问道："如果乔致庸等人捐了个知府以上的实职，岂不成了县太爷您的上司？"

县令取下顶戴叹道："乌纱呀乌纱，赵某为了你，几十年寒窗苦读，历经十多次科考，高中后还借了五千两银子上下打点，才谋到了七品，而今四品知府才不过四千余两。这顶戴我是不戴愁，戴着更愁啊，巴不得把这顶子也卖出去！"

师爷又想了半天，仍没有想到好的法子，于是建议说："要把这事办妥，只怕还得劳您大驾，往几个富商府上跑一趟，看看哪一个积极些，就让他带个头，县衙再敲锣打鼓把奖励匾额送上门去，或许会起到不错的效果。"

县令道："羊毛出在羊身上的道理，商人哪个不懂？乔致庸既能为朝廷的海防慷慨解囊，说不定也不会拒绝花银子买一个官儿。再说

第八章　慷慨解囊纾国难

他在朝廷都挂上名了，单顾脸面，他也得买我这个账。就依你，明天我俩亲自跑一趟。"

县令接受了师爷的建议，可师爷心里没底，只得挠着头说道："太爷，乔致庸这人一向不按常理出牌，所以此事很难说，如果白跑一趟，还望太爷莫怪。"

"我这个县令年俸不过千两，乔致庸少说一年也能赚个十万八万的，给他奏报个道台，他也未必有兴趣。所以，白跑一趟也在情理之中。我有这个准备。"

乔致庸看了筹饷捐输文告后，心里很是烦闷，便返回家中，不再去县城了。他又声称身体抱恙，闭门不出，全当不知道捐纳之事，想把此事躲过去。

可是，两天后，县令带着师爷等人亲自登门了。乔致庸虽心中不爽，但还是很热情，让下人上好茶。县令与乔致庸寒暄几句，呷了一口茶，看着乔致庸，开口道："本县听说，乔东家自幼苦读诗书，十多岁便考中秀才，后来参加乡试，一心想考取功名，入仕为官，只可惜兄长早亡，不得不弃文从商，本县真替乔东家感到惋惜呀！"

乔致庸见县令提及自己的伤心事，心中更是不快，神色肃然道："不知县太爷从何人口中得知乔家这段往事，致庸多谢县太爷惦记。既然县太爷有心了解我的过往，今不妨再多说几句。我虽酷爱读书，却并不想入仕为官，只想过逍遥自在的生活。倒是我兄长遵循祖训，极想考取功名，但几次乡试都被家事耽搁了。直到他接手乔家生意后，仍没有放弃科考，只可惜生意上的事太多，无暇读书，他这才把希望寄托在我身上。但我所读之书，除了儒家经典，更多的是一些闲散杂书，并非为了科考。即便参加科考，我也不太愿意做八股文章。这么讲，不知县太爷对致庸是否有了更多了解。"

县令尴尬地笑了笑，说道："这样说来，是本县听人误传了。那么乔东家读那么多书又是为了什么呢？俗话说得好，'学成文武艺，货与帝王家'，这天下的读书人，哪个十年寒窗苦读不是为了做官？乔东家，我今天就是为这个来的。"

乔致庸不假思索地说："苦读，是为了学到经世致用之知识，有益于治理国家和安定民生，以治世、救世为要务。"

县令道："乔东家这样说，本县又不能理解了。既然有志于治理国家、安定民生，不入仕为官又如何实现这一宏愿呢？"

乔致庸暗想，这县令说话倒是会钻空子，却不知现今的官吏已经腐化堕落，哪会为治理国家、安定民生着想？于是他淡淡说道："而今官顶子泛滥成灾，没几人稀罕了。"

县师爷正言道："乔东家此言差矣。官顶子可不是谁都有资格得到的。近日蒙朝廷体恤，恩准像你这样有志于为国效力的人，捐助若干银子给朝廷，以作军用。朝廷会按照你捐助银两的数额，让吏部赏给你一个二品以下的官职，当然这是虚衔，少数职位还可以实授。无论虚实，朝廷里有名录，省道府县将你视作官绅；就是去世的先人，也能因之蒙受皇恩。你说，这是不是一件天大的好事？"

乔致庸看了师爷一眼，戏谑道："致庸已置身商场多年，一心只想以商富国、以商兴国，商人所赚之钱，不是用来买官顶子的。退一步说，有真才实学的人，大多能通过科考入仕，只有那些庸碌浅薄而又图虚名之人，才花银子换官顶子。而师爷劝我也买官顶子，岂不是告诉世人我是个平庸之辈？"

师爷闻言，神色为之一变，气恼地说："乔东家，你这样说，就是不给太爷面子了。朝廷派下来的差事，太爷遵旨办差，若所有人都像乔东家这样想，县太爷就没法交差了，这不是让太爷为难吗？"

县令见气氛紧张起来，回头装模作样地训斥师爷道："瞧你说的什么话，乔东家对朝廷的五项（打仗、河工、赈灾、开荒、海防）捐

第八章 慷慨解囊纾国难

输历来都是积极支持的,什么时候让本县难做过?"他又转头捻须微笑着对乔致庸说道:"乔东家,你不在官场,对捐输之事可能了解不多。前朝历代且不论,就大清朝的捐输制而言,自顺治帝就有了。不过,最初称之为特事特办,给捐输多的人一顶官顶子作为奖励,涉及的人极少。乾隆爷以后,捐输授官是合法的,如今已成常例。据我所知,早些年渠家、郭家、王家等都主动花银子买过官,渠家还给祖宗买过五品通奉大夫的虚衔,为的还不是祖上风光,说出去好听些。"

乔致庸听了县令的劝解,怒气反而有增无减,猛地起身,声色俱厉地说道:"这拿钱买官的事,致庸断然不能从命!不是致庸舍不得花银子,而是因捐纳制实为当朝弊政。大人饱读圣贤之书,岂不知官职只能通过正途得到,岂能靠买!若庸碌贪腐之人买到实授官职,还不是又反过来盘剥百姓,这个国家还有何指望?天下黎民还有何指望?"

闻言,县令脸上青一阵白一阵,强忍着怒火说:"乔东家,你曾在海防捐上这么舍得,一口气捐了三千两,自己一无所得也无怨言,现今你捐个三五千两,就能得到四品,甚至三品的官职,为何反倒不乐意了呢?"

"能为国尽绵薄之力,是商人的价值追求。致庸虽然做了商人,可仍然是读书人出身,与那些追求名利虚荣的小人岂可同日而语?为了虚荣,哪怕只是花一两银子,也不值得。致庸言尽于此,您请回吧。"乔致庸一边说,一边起身准备送客。

县令愤然起身,哼了一声,拂袖而去。

师爷见县太爷折了面子,忙替他鸣不平:"这个乔致庸,太不懂世故了,太爷抬举他,亲自上门去,他反倒令太爷下不来台。我看,干脆把他抓起来,治他个抗旨不遵之罪。"

"朝廷虽给县衙下了名额,但捐纳官职还是要讲自愿的,哪来的抗旨不遵之说？"县令无奈苦笑道。

"若是那些富户都不愿捐官，太爷打算如何做？"

县令脸色一沉，冷冷笑道："既然乔致庸对'五项捐输'表现得很积极，那这里面就大有文章可做，还怕找不到让他大出血的机会吗？此事可从长计议。"

第二节　仗义疏财

光绪元年（1875年）春，祁县商街上，几位皂衣衙役，个个手提大锣，边敲边喊道："众商号听好了，朝廷将派大军远征新疆，县太爷有令，各家商号一律认捐，不得脱号！"他们一路喊了过去，但众多商家一闻此声，纷纷关上了商铺门板。

乔家大院在中堂，乔致庸也听到了这个消息，他漠然一笑：县太爷还真是个老狐狸，为了敛财，这名头还真是多。但他转而一想，军国大事，一个小小县令岂敢找这样的借口，肆意妄为？于是，他马上派人把与此事相关的消息打听清楚。

不久，派去打听消息的人回来，把此事的前因后果打听得一清二楚。原来，同治十年（1871年），沙俄出兵进犯新疆伊犁，至七月初占领了整个伊犁地区。英国不甘坐视俄国在新疆扩张势力，此后几年内加紧勾结在新疆的作乱势力阿古柏，加入对新疆的争夺之中。清政府面对敌国入侵，派出多支部队奔赴新疆，与沙俄和阿古柏交战。只可惜双方的战力差距较大，清兵往往一进新疆便杳无音讯，一去不回。

正当中国西北塞防吃紧的时候，中国东南海防也由于日本的武力侵台而告急。由此，清朝廷内部发生了一场关于海防与塞防的争论。以李鸿章为首的"海防派"建议朝廷放弃土地贫瘠的新疆，集中力量

第八章　慷慨解囊纾国难

加强东南沿海的防务。可是新疆这么大片的土地，怎能说放弃就放弃，这不成了历史的罪人了吗？所以朝廷最终采取"东则海防，西则塞防，两者并重"的方针。坚决支持塞防的陕甘总督左宗棠以死请命，出兵收复新疆。

于是，光绪元年（1875年）五月，朝廷任命左宗棠为钦差大臣督办新疆军务，负责收复新疆。而这次的捐款，多半与这有关。乔家的内书房里，乔致庸得知确切消息，显得有些不安，于是问杨总账房："这次让捐多少？"

杨总账房说："各地须捐银两不一，山西尤多，每个商铺至少百两银子！"

乔致庸慨然道："朝廷素知山西商人众多，才把那么多捐款任务交予山西一省，这说明朝廷对晋商的倚重；而晋商富户又云集于祁县、太谷、平遥三县，派捐多些也不足为奇。既如此，百两银子又够干什么呢？既然朝廷真的派的是用来打仗的军饷粮草捐，那乔家就应该多捐点儿，解朝廷燃眉之急。"

杨总账房问道："那当捐多少？东家才在京城设了分号，还将在杭州、扬州设分号，都需要银子呀，咱们捐个五百两，东家以为如何？"

乔致庸激动地说："要我说，每个商铺就该捐一千两。上回和英吉利打仗，我们败了，结果割地赔款；如果再败，不仅朝廷要赔上大量银子，我们的生意也会受到影响。所以一定要捐，要多捐，至少一千两！"

杨总账房说："东家可能不知，去年东家拒不捐官，本县同行都对您大加赞赏，这次，他们也会关注您的举动。您若一下子捐一千，他们定会对您有所不满。不如明面上捐个一百，暗中捐一千，既不得罪人，又帮了朝廷。"

乔致庸笑道："捐官能与捐军需粮饷相提并论吗？既是捐杀敌的

军饷,那就当是公开的、理直气壮的,干吗要暗中为之?别人我不管,我乔家要捐五千两!"

杨总账房劝道:"东家,随大众还是妥当些,五千两,对乔家也不是一笔小数目,您再想想……"

乔致庸皱着眉头考虑了好一阵,突然道:"农民种地是为了给天下人提供粮食,匠人做工是为了给天下人提供器具,读书人做官是为了治理天下,我们商人做生意则是为了天下流通财物。眼下洋人犯我疆土,杀我百姓,不论士、农、工、商都应为国尽力!从古至今,世人多指责商人唯利是图,我乔致庸今日就要颠覆这浅薄粗陋的认知,让世人对商人刮目相看!"

杨总账房知道劝不了乔致庸,叹道:"东家,捐可以,可眼下我们要在多个商业重镇设分号,正是需要花银子的时候,您可得想好。"

乔致庸哈哈笑道:"杨总账房说得对,是得全盘规划。我捐这五千两,对于这场战争来说,可能只是杯水车薪,故而我们不仅自己要多捐,还要鼓动其他商户尽量多捐,这样才能让朝廷多养精兵,多打胜仗!"

杨总账房说:"我虽管着乔家的银子,还不是东家怎么说,我就怎么办!"

乔致庸起先捐银一千两,但几个月后,仍没有听到朝廷出兵新疆的消息,于是派人进京去打听消息。他并非在意那一千两银子,而是想查明实情,以便安排下一步行动。

年底,打听消息的人从京城回来,带回令人震惊的消息:已经六十三岁的左宗棠,已经做好为国捐躯、客死他乡的准备了,为此他专门定制了一口棺材,以表誓死收复新疆的决心。但是,作为一个久经沙场的老将,当然知道数万大军远征的花费是一笔天文数字,军费问题让他寝食难安。不过,这一次朝廷也是豁出去了,面对经费不足

第八章 慷慨解囊纾国难

的问题,皇帝甚至御批道:"宗棠乃社稷大臣,此次西征以国事而自任,只要边地安宁,朝廷何惜千万金,可从国库拨款五百万,并敕令允其自借外国债五百万。"

圣旨既下,但军费的问题并没有及时解决。朝廷答应前期给左宗棠的五百万两银只是纸面上的款项,并没有实际拨付,左宗棠不得不拿着"空头支票",四处找关系筹款;借外债的那五百万,则由富商胡雪岩出面,以国家的海关收入作抵押,向外国银行借贷。而外国银行则乘机提高利息,使这笔巨额贷款成了高息贷款。

尽管如此,左宗棠还是为赢得这场战争进行着积极准备:淘汰弱兵、减少冗员,使西征军的战斗力大幅度提高;筹措军粮,向洋人借高利贷筹措军费;为了对付阿古柏军的洋枪洋炮,专门从广东一带找来专家和熟练工人,并在兰州设置军工局,造出大量武器,仿造了德国的螺丝炮和后膛七响枪,改造了中国的劈山炮和广东无壳抬枪,并为西征大军购入了数门德国制造的"义耳炮",这种炮属于大口径大规模杀伤性武器,是攻城略地的利器。

乔致庸闻讯大惊:"朝廷这次果真要在新疆用兵了?"他被左宗棠豪迈的英雄壮举所感动。经过一番思索,他决定为西征大军做点实事,为国家多尽一份力。当然,若能从这场战争中发现商机,那就再好不过了。

大德兴伙计高钰是个精明之人,他对乔致庸说道:"东家,听说左大人这次准备兵分三路,一路蒙古,一路山西,一路陕西。所谓兵马未动,粮草先行,东家可否请领山西这一路大军的筹措粮草事宜?"

李大掌柜忙说:"筹措粮草可不是一件易事,搞不好,不仅对大德兴无益,还可能带来不可预测的损失。"

乔致庸说:"我从没指望发战争财,但军需之事总得有人料理。有赚钱的机会,咱不放过;没赚钱的可能,咱也不强求。做生意本就似赌博，输赢都很正常，而为国家竭力，终将无悔。"

李大掌柜叹道："东家，我不得不提醒一句，即使有商家愿意垫钱替大军筹措粮草，末了朝廷也不一定会把这笔银子还回来啊，如今的大清可是……"

乔致庸面色凝重起来，沉思半响问道："你们的看法呢，这事是接还是不接？"

高钰看看乔致庸的神色，开口道："李大掌柜的话不是危言耸听。这件事还需从长计议，我方才的言论草率了。倘若东家一定要承接此事，要做好最坏的打算。"

乔致庸情绪激动，大声道："想我乔家，无论是先祖，还是先父，遇到这种国家大事，都是不会犹豫的！国不强，个人再富有何用？"

李大掌柜急忙道："东家为国尽心尽力，实在令人敬佩。但是，朝廷断不会先掏这笔钱出来，哪个商家负责为大军筹措粮草，哪个商家就得先垫付。这笔银子可明摆着是一个火坑！东家，您要三思！"

乔致庸直视着他们，沉痛道："就是火坑，我也没有几次跳的机会了！何况这并不是火坑，这是上天赐给我为国尽力的良机！大掌柜，我年岁五十又七了，头发都白了，一生没有多少这样的机会了！所以这件事我将不遗余力地去做，要不然，我会死不瞑目的！"

高钰赞道："今日真正见识了东家的胸襟与气魄，相比之下，我们做人和做事的格局可都太小了。"

在摇摇欲坠的清朝末年，能安稳地活下去，是大多数人的愿望。然而覆巢之下无完卵，身为臣民，就需要有一份担当和责任！乔致庸明白国破则家亡的道理，老百姓的生活和国家的命运是息息相关的。面对内忧外患、气数将尽的大清，也许他的努力只是杯水车薪，但只要他还能做些什么，他就绝不允许自己成为一个麻木的旁观者。

光绪二年（1876年）初，一切准备就绪后，主帅左宗棠以将军金

第八章　慷慨解囊纾国难

顺为副帅,开赴兰州,开启了收复新疆的征程。

大军进驻兰州后,左宗棠便请蒙、晋、甘三地共为大军筹备军需。十余日后,乔致庸在家中接到急报:左大帅将亲往乔家大院拜会乔致庸。

乔致庸当然十分欣喜,立刻让全族人为迎接左帅做准备。但他不熟悉朝廷礼仪,便赶紧请本家侄儿宁守堂乔致远的二儿子乔超五来给自己"补课",他曾在天子脚下的直隶新城县(今高碑店市)当过五品知县,熟悉朝廷礼仪。乔致庸便全权委之以应酬事宜。乔超五也知此事重大,精心筹划了一番:洒扫庭堂,铺设地毯。乔家哪个有官衔的女人提茶倒水,哪个有身份的男人贴近陪侍,如何称呼、如何行礼、如何走、如何坐……,凡能想到的地方,都已准备完毕。经过一番忙碌,乔家上至乔致庸,下至端茶送水的用人,面貌焕然一新,恭候着左宗棠的到来。

当浩浩荡荡的军队来到乔家堡时,乔家人老远就跪倒行礼;待轿子抬到乔家门口,掀开轿帘时,左宗棠却是一身便装,没一点儿大臣的派头!

左宗棠不等乔致庸行礼,便握住了乔致庸的手说:"乔东家,久仰了!"乔致庸望了左宗棠一眼,大吃一惊,他竟是二十多年前见过的"湘上农人"!

左宗棠道:"虽然过去二十余年,我今日见到的乔东家,竟仍保持着当初那个儒商的君子之仪和儒雅之风!今日造访,首先要代朝廷和天下人谢过乔东家多年以来的慷慨捐助!乔东家比起许多所谓高居庙堂的要员识大体多了。新疆是大清的"西北长城",倘若新疆不保,则蒙部不安,陕、甘、山西必受侵扰,也必定威胁京师安全。季高必须一战,但朝廷银库空虚,根本无钱银调拨,而山西富商众多,所以眼下我就指望乔东家和晋商伸出援手了,否则平叛收复之事,仍是空谈啊！"

乔致庸慨然道："左大帅既然是为此等大事而来，想要致庸做什么，致庸已经明白。银子不成问题，粮草也不成问题，大帅说个数，致庸自当竭力筹措！"

左宗棠道："乔东家有心承担重任，实令人感动。想必乔东家有耳闻，此次军饷数额巨大，况且万里驱驰，战事难料，战争可能旷日持久，乔东家当有心理准备……"

乔致庸闻言心中一沉，仍坚定道："左大帅但说无妨，致庸心意已决。大帅说个数，好让乔家商号准备得更充分些。"

左宗棠不再客气，坦率道："那我便开口了。乔东家这里，头一年至少要三百万银两，若战争持久，也许要五六百万，另外还需乔东家再找些晋商义士，筹得更多军饷。"

乔致庸虽已有准备，但还是有些惊讶，一时陷入沉默之中，时间仿佛凝固了一般。良久，乔致庸站起身，掷地有声道："大人放心，三百万两银子致庸还是拿得出来，动员几位晋商也不是难事。万一战事拖延，致庸也会想法继续筹措。但有两件事，大人要给致庸一句实话！"

左宗棠微微一愣，问道："乔东家请讲。"

乔致庸道："此次征战所需银两数额巨大，致庸还要去向其他商家征募。因此，大战之后，所耗费银两望大人能保证朝廷将来可以如数归还！"

左宗棠沉吟片刻，拍着胸膛道："乔东家一片忠贞之心，我今日再次领教了！战后只要我还活着，乔东家这笔银子就由我想法子向朝廷要，绝不食言。"

乔致庸接着提出了自己的要求："左大人想必知道，致庸一生想的只是两件事，货通天下、汇通天下，乔家的生意要遍及全国。左大

第八章 慷慨解囊纾国难

人的大军西行,各地汇来的饷银需要有人管理,日用货物需要有人贩卖,致庸恳请大人恩准,让乔家随军开办一家大德通票号的分号,替大人管理饷银,并恩准大军平定新疆后,由乔家大德兴在新疆开办一家分号,为大军贩运日常货品。不知可否?"

五万大军的军需粮草筹措、运输,其繁重程度可想而知,乔致庸要全权负责,这需要多大胆魄!稍有不慎,就可能贻误军机,引来杀身之祸。左宗棠借此提醒乔致庸:"军需粮草乃取胜的基本保证,万里征途,军需粮草运输是一大难题,乔东家敢于一人承担,老夫万分感激,至于分号之事,不足挂齿。不过,乔东家对此是否有充分预估,一旦因此贻误军机,这可是谁都不能挽救的大罪,还望乔东家三思。"

乔致庸以坚定的语气说道:"致庸一生梦想实现货通天下、汇通天下的愿望,大人允准了致庸所请,就是帮我在西北实现了愿望!致庸定当全力以赴!"

闻言,左宗棠感动至极,当即答应了乔致庸所请。乔致庸趁机请左宗棠为乔家大院大门前的百寿图题一副对联。左宗棠即兴挥笔,所题对联为:损人欲以复天理,蓄道德而能文章。横批为"履和"。

左宗棠一走,乔致庸便没日没夜地忙碌起来。他本想亲自随军办理军饷汇兑业务和做日常货品生意,但其十七岁的三子乔景俨自请代父随军西去。乔致庸对景俨不放心,决定让高钰带着他一起随军历练。

到了出征的前夜,乔致庸前来为高钰、景俨等人送行。随之而来的还有商家和乡绅耆老。临别,乔致庸端起酒杯道:"此去新疆,千里万里,戈壁雪山,刀光剑影,各位多多珍重!"景俨急忙上前跪下,叫了一声"爹",便哽咽无声。乔致庸抚摸着儿子的脸,强抑心痛道:"好孩子,爹相信你会凯旋……"

四月,西征大军进驻甘肃西部的肃州,西征大军收复新疆的战斗正式打响。

左宗棠不是"躺在安乐椅上的战略家",而是一位具有丰富战争经验的军事家,面对新疆的复杂情况,左宗棠决定采用"缓进速决"的战略。

所谓"缓进"就是要用一年半的时间筹措军饷,囤积粮草,调集军队,操练将士,做好充分的准备。因为新疆偏远辽阔,作战物资补给十分困难,因此必须有充足的时间和足够的人员做好后勤保障,五万西征大军,竟有一万余人用作后勤保障。他对高钰带领的管钱管粮的一班人特别关照。他所需军费,多由乔家票号存取汇兑,有时军费急缺时则向乔家票号借支。高钰则按乔致庸制订的计划,在西安、兰州、肃州都设立了大德兴票号临时分号。

所谓"速决",实在是因为大清国库空虚,无法承受大军长时间的远征,所以需要充分的准备、周密的计划和正确的指挥。左宗棠从士兵、军马每日所需的粮食、草料入手,推算出全军人马一年半时间所需的用度。然后,再以一百斤粮运输一百里为标准,估算出全程的运费和消耗。甚至连用毛驴、骆驼驮运,还是用车辆运输,哪种办法节省开支都做了比较。经过周密计划,估算出全部军费开支共白银八百万两。

西域幅员辽阔,交通不便,军粮运输非常困难,正是因为这场战争将是"拼后勤"的战争,左宗棠才要求精简作战部队,速战速决,而且开辟了三条军粮运输线路:一是从甘肃河西采购军粮,出嘉峪关,过玉门,运至新疆的哈密;二是由包头、归化经蒙古草原运至新疆巴里坤古城;三是从宁夏经蒙古草原运至巴里坤。此外,左宗棠事先命西征军前锋部队驻军哈密并兴修水利、屯田积粮。但是哈密水渠年久失修,渗水严重,而且是多沙土地,需用毡毯铺底。左宗棠便提出:"开屯之要,首在水利。毡条万具,既所必需,文到之日,即交宁夏、河湟各郡并力购造。"经过一段时间的努力,屯田积粮成绩巨大,当

第八章 慷慨解囊纾国难

年（1876年）就收获粮食五千一百六十余石，基本上可以解决该部半年军粮所需。

军事行动部署上，左宗棠的大军首先把北疆作为进取之地，因为阿古柏的重兵主要集结在南疆，北部的抵抗会弱一些。已入新疆的张曜部屯哈密，金顺部屯巴里坤一带。根据既定方针，左宗棠令刘锦棠率所部湘军分批出嘉峪关，经哈密前往巴里坤，会合金顺所部先取北路；命张曜部固守哈密，防敌由吐鲁番东犯。阿古柏获悉清军西进，即由阿克苏赶至托克逊部署防御：以白彦虎等率部分兵力防守乌鲁木齐等北疆要地，阻击清军；以一部兵力防守胜金台、辟展一线；主力两万余人分守达坂、吐鲁番、托克逊，成掎角之势。

可即便如此，每拿下一座城池也是要费一番周折的，而就在西征军经过巴里坤地区的时候，神奇的一幕发生了：大军距离城池还有几公里，巴里坤的城门便自己打开了，随后蜂拥而出几百人跪倒在地，迎接左宗棠入城。

左宗棠走近才发现，这些人不是阿古柏的叛军，而是跟他们一样的满汉联军。左宗棠万分惊喜，连忙询问缘由。带头的人叫何瑄，他站起身激动地说："左大人，我们在这座孤城等了十几年，终于看见大清的军队了，何瑄向您报告，我的任务完成了。"

八月上旬，刘锦棠、金顺二部清军从阜康出发，采取声东击西的战法，避开供水困难的大道，走敌人严密防守但水源充足的小道，迫近乌鲁木齐北面重地古牧地。扫清敌据点后，他们用大炮轰塌城墙，十七日从缺口冲入城内，一举歼敌五千余人，并乘胜于十八日收复乌鲁木齐。敌将白彦虎、马人得等仓皇南逃。而后，左宗棠命刘锦部驻守乌鲁木齐，防止阿古柏军北犯，并继续清剿山中残敌；命金顺挥军西进。昌吉、呼图壁及玛纳斯北城之敌闻风溃逃。九月初，金顺部开始攻玛纳斯南城，月余不克。后刘锦棠、伊犁将军荣全先后增援会攻，于十一月六日占领该城。至此，天山北路为阿古柏军占领之地全部收复。时临冬季，大雪封山，刘锦棠等就地筹粮整军，以待来年进军南疆。

接下来西征军乘胜追击，左宗棠指挥清军三路并进：刘锦棠部自乌鲁木齐南下攻达坂；张曜部自哈密西进；刘锦棠部奇袭包围达坂，十九日破城，毙俘敌三千余人，随即分兵一部助攻吐鲁番，主力直捣托克逊，迫使守敌海古拉于四月下旬弃城西逃。与此同时，张、徐二部清军连克辟展、胜金台等地，吐鲁番守敌白彦虎望风西窜，马人得率部投降。

至此，南疆门户大开。阿古柏见大势已去，五月下旬于库尔勒气急暴病而死。海古拉携其父尸西遁，由白彦虎防守库尔勒等地。阿古柏长子伯克·胡里在库车杀其弟海古拉，后于喀什噶尔称王，企图在英俄庇护下负隅顽抗。入秋，左宗棠决心尽复南疆，于是，以刘锦棠部为"主战"之军，以张曜部为"且战且防"之军，相继长驱西进。南疆各族人民久受阿古柏的荼毒，纷纷拿起武器配合清军作战。十月，刘锦棠部以破竹之势，驰骋两千余里，收复喀喇沙尔、库车、阿克苏、乌什等南疆东四城。西四城叶尔羌、英吉沙尔、和阗、喀什噶尔之敌日渐孤立，内部分崩离析，已降敌的前喀什噶尔守备何步云亦乘机反正。刘锦棠闻讯，立即挥军分路前进，于十二月中下旬连克喀什噶尔、叶尔羌、英吉沙尔。白彦虎等率残部逃入俄境。光绪四年（1878年）一月二日，清军攻克和阗。至此，新疆除沙俄侵占的北部伊犁地区外，全部收复。

左宗棠西征，乔家垫付了上百万两银子。可以说，左宗棠收复新疆的军功章上，有乔致庸的一份功劳。凯旋时，左宗棠也没有忘了乔家，他奏报朝廷，给乔致庸赏授了一个从二品道台的官顶子。乔致庸由此开始在官场中积攒了不少人脉，为大德兴票号的快速发展奠定了基础。

第八章 慷慨解囊纾国难

第三节 不改初心

乔致庸拥有宽广的胸怀和远大的眼光,他能够审时度势,善于观察商情,捕捉商机,主动出击,伺机而上。光绪七年(1881年),由乔家三堂(德星堂、保和堂、在中堂)合股创设大德恒票号,最初资本为六万两白银,后增至二十六万两。

乔致庸在票号开办起来后,清醒地认识到一个事实:票号若要生存发展,必须加大笼络官府重臣的力度,甚至要与清朝最高统治者攀上关系。在清朝,商号想要发展壮大,得有政府背景。

商人是逐利的,他们之所以需要权力,是为了保护自己。在中央集权专制社会中,并没有保护私人产权的法律。政府可以随时以各种借口剥夺私人财产甚至平民的生命。保护还是剥夺私人财产的权力,说得远一点在皇帝手中,说得近一点在各级官员手中,完全取决于这些人的意愿。官商结合起码可以获得对自己财产和生命的保护。

"官商结合"是清朝商人首选的也是最成功的经商模式。乔致庸自诩为儒商,从不巴结官府,然而经过二十几年的商场兴衰浮沉,他不得不妥协。

光绪八年(1882年)初,大德恒票号正式开张,恰逢山西新任巡抚张之洞到任,又近年关,乔致庸便与李大掌柜、高钰几人带上名茶等礼品,前往太原拜访这位二品大员。途中,几人无意间谈及张之洞与山西票号的一桩趣闻。

同治二年(1863年),张之洞如愿以偿进士及第,进入翰林院,正式步入仕途。两次鸦片战争后,清朝强敌环伺,民不聊生,国运日坠,朝廷上下束手无策,迫切需要经国人才。时任詹事府司经局洗马(从五品）的张之洞，就国防和外交政策上书提出自己的见解，引起了朝野瞩目，把持朝政的慈禧阅后，先是惊讶，后是连连点头。她准备重用张之洞，可适逢张之洞丁忧回乡守制，他错失升迁良机。

张之洞回京后，希望尽快复职，不得不"孝敬"吏部官吏。然而，他入仕以来一直在清水衙门任职，又因丁忧期间有多项花销，早已一贫如洗。他深谙官场内幕，知道必须拿钱，于是去求山西票号。

经朋友牵线，张之洞来到日升昌北京分号。日升昌经理问他打算借多少，张之洞说十万两即可。日升昌经理应付他说，票号大掌柜刚接任，三天后给他回话。

日升昌的大掌柜确实换人了，郝可久为第三任大掌柜。但借不借钱给张之洞，与大掌柜换人半点关系没有。实际情况是日升昌在北京营业的票号都有一个名册，有投资价值的各级官员的情况都记录在册，只要名字在册，张口借钱转眼就到账。名字不在册的官员如果借钱，票号就要启动客户调查程序，根据调查结果再做决定。日升昌经理翻遍小册子，也没见到张之洞的名字。而且，这个姓张的没有任何背景，不在实权部门任职，也看不出有什么政治前途。

张之洞听出来日升昌委婉拒绝了他，于是，他准备另寻别家票号。

就在张之洞被日升昌票号拒绝的第二天，协同庆票号经理亲自给张之洞送去宴请帖子。其时，协同庆票号实力不及日升昌，但它能在京城站住脚，自有道理。因为大客户早被大票号瓜分，它就锁定小客户，做了生意，赚了感情。

协同庆票号的经理虽然也没有在名册上看见张之洞的大名，但他寻觅投资对象并不局限于册子。他探听到内部消息，听说张之洞几年前的一封奏疏曾在朝廷引起震动，他时有惊人之语，是个有抱负、有潜力、缺机会的五品小官。如今身陷如此困境，在他身上投资，无异于雪中送炭，他一定不会忘记。他的工资仅能糊口，家里还养了十几

第八章　慷慨解囊纾国难

只猫，而养宠物的人一般都重情重义。但这单生意也存在血本无归的可能性，这是协同庆无法承受的，于是，经理与在京的董事经过商议决定，将十万两银分三次借给张之洞。

宴席上，协同庆经理劝酒夹菜，谦恭有加，好像没有别的事。张之洞疑惑不解，不知宴请他是何意，于是，开口询问了一下借钱的事。可经理只笑道："这是小事，喝酒喝酒。"直到酒足饭饱，经理才一脸严肃道："您的文章、韬略、人品，举世景仰，我们早就想结识您了。需要多少银子，您只管开口。"

张之洞大受感动，含泪说："数字太大了，恐怕你们也为难。"

协同庆经理问："三十万两够吗？"

张之洞讶然道："要不了三十万，十万两足矣！"

经理又问："十万两分三次支付可好？"

张之洞说："可以。需要打点的人不少。"

协同庆票号刚借了张之洞三万两，一个大馅饼就砸向了张之洞，也砸向协同庆。光绪七年（1881年）七月，慈禧将张之洞由司经局洗马直升为从二品的内阁学士兼礼部侍郎。年底，张之洞出任山西巡抚。

乔致庸听了张之洞与票号的故事，感叹道："一个五品朝廷命官，丁忧起复竟然也要向吏部交银子，真是滑稽。"

高钰说："世道如此，连光绪皇帝都不能自保，何况一个小小五品官。这种无实权小官在京城多如牛毛，我倒是佩服协同庆经理的眼光。"

李大掌柜对高钰说："我更佩服你，人小鬼大，整天待在票号里，外面的事却知道得比东家还多。"

乔致庸不好意思地说："我对官场上的各种纠葛很少关注，更没兴趣去打听。我都不知道此次前去，能否被巡抚大人接见。"

高钰说:"东家请放宽心,如果张大人是个贪官,他肯定会见咱们,咱们没面子,孔方兄有面子;如果他为人正直,并想在山西有所作为,他也会见咱们,还是孔方兄有面子。"

李大掌柜不满道:"你这是什么胡话,听说这个巡抚大人是个真正的正人君子。"

高钰诡谲地笑笑,不再言语。

到了太原巡抚衙门,高钰下车向门岗低语几句,不一会儿,衙内便传乔致庸几人入后院参见巡抚大人。张之洞听了乔致庸的自我介绍,很不客气地说:"本部堂听说天下富人十之六七是晋商,但今来晋赴任,唯见百姓生活之困苦,却家家户户吸食大烟,遍地的烟田占据耕地。"

乔致庸不知巡抚大人是何意,忙说:"大人所言极是,不知在下能否尽绵薄之力?"

张之洞在几人身上扫视几眼,说道:"几日前有泰裕票号的孔掌柜奉献银五万两,说是作本部堂差旅之费,可见你等晋商阔气呀。今乔掌柜来此,是想做何表示呢?"

乔致庸心头一颤,难道张大人欲索贿?这比其他贪官,有过之而无不及。正要回话,就听得高钰抢先说道:"中丞大人,恕小的冒昧,久闻大人为官清廉,有励精图治之志。今不避艰难,赴任山西,定有治理一方、造福百姓之决心。然百姓种植大烟,导致无粮可吃,是因种植大烟的收入,比种粮食高出十倍以上。大人若欲铲除大烟,劝农耕种粮田,就得补贴银子,帮农民解决困难,而您却感到无能为力。小的所言对否?"

张之洞闻言,惊愕不已。原来,张之洞既痛恨鸦片之祸,也深知鸦片背后涉及极其复杂的官、商、民、兵等各方利益的纠葛。于是,张之洞先开展深度调研,把山西鸦片种植面积、罂粟生长周期、贩运

第八章 慷慨解囊纾国难

渠道、禁种时机、禁烟药具等情况摸清摸透，形成有针对性的工作方案，并报朝廷同意。但很可惜，朝廷没有拨款。张之洞囊中羞涩，不敢贸然采取行动。没想到，眼前这个小子不过二十出头，竟有这般见识，商人中还真有奇才啊。他微微点头，说道："本部堂极欲铲除大烟，规劝农民种庄稼，可种庄稼就要有种子，有了种子还要有农具，更重要的是还要有耕牛，这些算下来可是一笔巨大的开支。况且，农民即使收了粮食，一时也无法卖出去变换为现钱，他们还是会生活困难……"

乔致庸早听出张之洞的话外之意了，他想到当年在包头做"买树梢"的生意，当即向张之洞表示，愿意联合其他商号共同出钱帮忙解决种子、农具、耕牛等问题，如果粮食丰收，还可收购农户手中多余的粮食。

张之洞一听，非常高兴，对乔致庸大加夸赞。他还表示，若这个难题被解决，便奏报朝廷为乔致庸表功；若将来乔致庸到京城开设票号遇到什么麻烦，也可找他帮忙。乔致庸又与张之洞商议了一些具体事宜，这才告辞。

归途中，乔致庸心情不错，不时哼起小调。虽然他要掏一大笔银子出来，但他觉得很值，因为这才是一个商人的价值所在。同时，他对高钰也是刮目相看。

张之洞得到全省众多富商的支持后，在罂粟尚未下种的季节宣布禁种，一方面狠抓府、州、县主体责任，紧盯播种、出苗、铲除、追责四个环节；另一方面广泛宣传禁烟以取得公众支持。在城市，他"将省城所有烟馆，一律驱逐，不准容留一家"，全省官员一律不得吸食，士兵、学子一律不得招录吸食鸦片者，同时提供戒烟药物；鼓励广泛种植粮食和各类经济作物，"令地方官各视土宜，教之种桑、种棉、种麻、种蓝、种芋、种菜籽、种花生，以抵其利"，对贫困农户免费发放种子；大力表彰、奖励贡献突出的乡绅富商，赏功牌匾额光耀其门庭。不久，张之洞便在山西的禁烟劝耕工作中交出了一份满意的答卷，而其中少不了乔致庸等人出钱出力，解囊相助。

对于清廷来说，晋商票号是最好的"提款机"和"保险柜"：一旦发生战争动荡，第一时间就可以让经济实力雄厚的晋商们捐钱支援朝廷，而官员们赚了钱，第一个想到的也是信用卓著的山西票号。一个想把票号做大做强，一个想借机捞钱，时机合适，双方有利可图，官商一拍即合。

史载，票号钱庄与官僚多有私下结交。在京的几个大的票庄，拉拢王公大臣：蔚盛长票号交好庆亲王，协同庆票号（榆次王家和平遥米家合营）交好武卫后军统领董福祥，百川通票号（财东为祁县渠源浈）交好张之洞，大德通票号交好赵尔巽和庆亲王奕劻，三晋源票号交好岑春煊，日升昌票号交好历任粤海关监督、庆亲王奕劻、伦贝子和赵舒翘，蔚丰厚交好赵尔巽等。

高钰很快成为与官员打交道的高手，除了交好满族大臣桂春之外，还有许多官场密友。高钰在官场可谓如鱼得水，人脉关系广而深，与高钰交往最深的是曾任山西巡抚的赵尔丰。赵尔丰出任四川巡抚，高钰也去了成都；赵尔丰出任黑龙江将军，高钰也跟到黑龙江；赵尔丰回到京城，高钰也回来了。与高钰交往密切的官员还有曾任山西巡抚的岑春煊、丁宝铨、九门提督马玉锟等。

所谓有舍必有得。乔致庸从厌恶与官府打交道，到主动结交官吏，既有了政治靠山，保护其利益不受损害，又把官府的饷银税课收进自己号内增强了经济实力，可谓一举两得。不过，乔致庸始终初心未改：只要能富国富民，对国家、百姓有利，他都会慷慨解囊，尽一个商人的社会责任。

第八章　慷慨解囊纾国难

第四节　广行善举

乔致庸当家期间，恪守祖训，以德行商，又广行善举，救济乡邻，成为远近皆知的善人。

早在同治初年（1862年），乔致庸第一次扩建乔家大院时，北洋大臣李鸿章因组建北洋水师亟需经费，但此时大清经几次外患内乱，国库空虚、财政困难，李鸿章听闻晋商富甲天下，便派人到山西商人中去募捐。乔致庸认为，四十年前，英国人就是用坚船利炮打开国门，从此国土沦丧。大清国要组建水师，是再正义不过的事，于是他带头认捐十万两银，用于购置军舰一艘。这个出手大方的山西商人乔致庸，马上就被李鸿章记住了。作为回报，李鸿章亲笔书写了一副"子孙贤，族将大；兄弟睦，家之肥"的楹联，并制作于铜板之上，派人送到祁县乔家。乔致庸把这副铜板楹联镶嵌在乔家的中堂大门上。

在乔致庸为左宗棠的西征大军襄办军需粮饷期间，横扫中国北方的"丁戊奇荒"进入高峰。在这百年难遇的大灾荒中，农田干旱、蝗虫肆虐、瘟疫流行，晋、陕、豫三省饿殍遍地，灾民无数。灾荒初起，乔致庸就让程忠美在村头开设了一个施粥厂，一日两餐，施粥给来到这里的灾民。不想周围的灾民闻讯而至，聚集在乔家堡外不走，一时竟有数万之众。程忠美开始只在粥厂安了两口煮粥的大锅，乔致庸觉得不够，便增加到二十口，后来一直增加到一百口。整整四个月过后，灾民的数量不见减少，反见增多，聚集在乔家堡村头的灾民已达十万之多。这时，乔致庸责无旁贷地承担起救助灾民的重任。

一天，李大掌柜找到内书房来，对乔致庸皱眉道："东家，看这个架势，只怕靠乔家一家之力，撑不了多久啊。"乔致庸沉吟半晌，痛下决心道:"李大掌柜,我想好了,把家里的备用银子全取出来,派人去外地收粮,把粥厂维持下去!"李大掌柜吃了一惊道:"东家,那乔家上下数十人的吃穿用度怎么办?"乔致庸苦笑道:"让大家尽量节省一点,银子花了以后还可以再挣,村外这些灾民是冲着我乔致庸来的,我不能让他们死在这里!"车夫老三儿在一旁嘟哝道:"天下灾民这么多,光我们山西省就饿死了二百万人,你救得过来吗?"乔致庸瞪他一眼:"我乔致庸救不了天下灾民,但大门外的这些灾民还是救得了的!"李大掌柜点头道:"行,我听东家的!"他说着走出去,安排掌柜的和伙计们提银子外出买粮。

乔致庸耳闻目睹这严重的灾情,想起祖父乔贵发对后人的忠告:"咱乔家本是穷人,我从小因穷受人歧视。你们生在富门,身在福中,切不可富而忘本,为富不仁,歧视穷人。"他又想到佛教里的话:救人一命,胜造七级浮屠。今日若能拯救万民于水火之中,也是功德一件。

乔致庸并不只单纯考虑行善积德,他还有更多的想法:旱情这么严重,时间长,若春天播不下种,今年就得绝收,灾情就会更严重。所以,赈灾不是三两日的事,得做长久的准备,得有足够的粮食。再想到这些年家里开销太大,奢靡之风已露端倪,让饥民看了扎眼。于是,他便有了一个想法:借赈灾之机,严肃家风,倡导节俭,用节省下来的银子赈灾!这样既正了家风,又做了善举,何乐而不为呢?于是,他把乔家众人叫到一起,对他们说:"如今天下人都成了灾民,我们大院里的人也要把自己当作灾民。从今日开始,大院里不开伙了,到开饭的时候,大家去村头和灾民们一起喝粥!"

到了中午,乔致庸便带着大家去了村头施粥厂。他让程忠美盛了一勺粥给自己,回头大声对灾民道:"今天大家来到乔家堡,我只恨自己财薄,不能让大家吃上口好的,只能喝上一碗粥。但只要乔家的人饿不死,我乔致庸就绝不会让乡亲们饿死一个!来,我与大家一

第八章　慷慨解囊纾国难

起喝！"

闻言，众人感动得热泪盈眶，再看乔致庸一身粗布衣，更生敬重之情。一些人泪水滴进碗里也不觉，稀里呼噜就喝起来。

喝完粥，乔致庸坐在砖坡上看了一会儿，吩咐佣人们："粥不要稀了，稠些！"他只有一个要求："筷子插上不能倒。"

为了节约粮食，他们一家人坚持与灾民同锅喝粥。但即便如此，搭棚赠粥还是耗资巨大，差点让乔致庸倾家荡产。

面对这一特大旱灾，山西巡抚鲍源深感无力应对，竟以旧疾复发为由，奏请开缺。朝廷权衡再三，决定由陕西巡抚曾国荃接任山西巡抚。

曾国荃到山西之时，灾情已十分严重了。至光绪三年（1877年）七月时，全省受灾州县多达七十六个，饥民三四百万人。到了十一月，全省受灾州县已八十余，饥民五六百万人。曾国荃上书朝廷说，晋省"无业贫民，专以佣工度日"。而后来的灾情勘查显示，"一省之内，每日饿毙何止千人"。

耳闻目睹饥民越境抢食，曾国荃不觉潸然泪下，这一回他彻彻底底被触动了。管理地方与行军打仗不同，打仗的目的是要取胜，是要死人的；做地方大员则要保民，是要救人的。但他手上无钱无粮，怎么救呢？他听说祁县富商乔致庸正为左大帅筹集军需粮饷，于是，他立马带着幕僚黄先生，往祁县乔家堡求教赈灾之法。

曾国荃和黄先生刚走到村头，就见一个大施粥厂聚集了成千上万的灾民。黄先生对曾国荃说："左大帅真会看人，他早就说过乔致庸是个义士，有一天必定能为天下万民做出惊天动地的义举。他说对了，一个普通的商人，家里能有多少银子，竟然能救下数万灾民的性命！"

曾国荃走过去，问正在施粥的程忠美："乔东家在哪里？我想见见他！"

程忠美不知来者是何人，而乔致庸又忙得脚不着地，因此不想让他去见，便随口说道："乔东家近日累得病倒在床，不能与人相见，请多多见谅！"

曾国荃甚感遗憾，但仍激动地说道："乔家此次毁家纾难，惊天动地，我身为山西巡抚，一定会专折上奏皇上和太后，请朝廷褒奖乔东家这位天下第一义商！"然后，摇了摇头，转身离去。

在乔致庸的带动下，各县巨商大贾纷纷解囊相助，整个山西在灾荒期间，先后赈济银一千三百余万两、米二百余万石，拯救了六百万山西人。

乔致庸常说"唯无私才可讼大公，唯大公才可成大器"，他是这么说的，也是这么做的。因赈灾义举，乔致庸受到清廷"举悌弟加五级"并赏戴花翎的嘉奖。

乔致庸行善义举不仅手笔大，而且极为频繁。光绪三年（1877年），三晋源少东家渠本翘（财东渠源祯之子）创设中学堂，孟步云创设女子学校，乔致庸均以重金相助，其盛德被广为传诵。乔家门前长年拴着三头牛，谁家要用，只需招呼一声，便可借去使用一天，傍晚再送还；每年春节前夕，乔家大门敞开，乔致庸会拉出一辆满载米、面、肉的板车，谁家缺吃的，只要在门口招招手，便可随意取用；乡邻如有病无钱求医的，只要找到乔家，都可以得到救济……

商人苦心经营积累的财富，到底是用在花天酒地个人享受，还是资助国家回馈四方，乔致庸早就给出了自己的答案。

处盈虑方扩基业

第九章

第一节　礼遇阎维藩

光绪十年（1884年），乔致庸把大德兴丝茶庄改为大德通票号，任命高钰为总经理。同年，专门成立了大德丰票号（疑为分号），专营汇兑。乔致庸满怀信心，立誓要将大德通的分号开遍全国。

然而，这个时候，中国进一步开放内陆市场，大量外国资本涌入中国，在各地重要城镇开设银行。原本晋商能够把持金融业，就是因为清朝在漫长的历史当中一直以白银为主要货币。而白银作为金属货币，运输十分不便，这才给了票号业发展的机会。但是，随着清朝廷开始发行纸币，这个优势没有了，清朝政府也不再依赖晋商汇兑白银。如此一来，整个清朝的票号业都受到了毁灭性的打击。

就在不少晋商票号败退下来的时候，由于大德通和大德恒两大票号不仅经营普通商务汇兑，也承揽各地官府的税银缴纳和军饷划拨，买卖兴隆，信誉卓著，乔致庸反而加大增设票号分号的力度。在往后的十年间，大德通、大德恒两大票号先后在北京、天津、张家口、石家庄、沈阳、归化（呼和浩特）、包头、西安、兰州、上海、汉口、开封、重庆、苏州等地设了二十多处分号。乔家在中堂的财富已跻身山西省富户前列，家资千万，商铺遍布全国。

在经营过程中，他以"倍本"之法，使票号的股本逆势疯涨。乔致庸把每年的部分利润，继续投入作为资本，行话叫作"倍本"。其时，票号以三年或四年为一账期，每到一个账期便分一次红利，乔致庸几乎把所有红利都投到资本中，票号的股本自然就成倍增长。

另外，乔致庸在太谷开设了"恒豫"钱庄，在祁县开设了"义中恒"钱庄。

虽然大德通、大德恒的发展很快，但所承受的压力也越来越大。古人云"居安思危，处盈虑方"，为了给大德恒票号物色到优秀的经营管理人才，乔致庸派孙子乔映霞四处打听寻访人才。就在这时（1894年），乔致庸接到一封来自汉口分号的快信："蔚长厚票号福州分号经理阎维藩辞号还乡，正在汉口将军恩寿处做客，不日将还乡回祁，若东家有意雇请，需尽早决断。"乔致庸见到此信，喜出望外，此人正是自己渴求的人才呀，他当即吩咐次子乔景仪届时在途中迎接，切不可让此人落入其他票号。

然后，乔致庸又对阎维藩做了一番调查了解。阎维藩，咸丰八年（1858年）出生于祁县下古县村一个穷苦人家，天生聪明灵活，口齿伶俐，手脚勤快，十三岁的时候，因父亲病故而辍学。母亲寡居，弟妹幼小，生活无着落，他只好回家种地，养家糊口。但他极爱看书，经常看书入迷误事，没少遭母亲的责骂。一个私塾先生好心让他免费入学，他一有空余时间就躲到塾中读书。

阎维藩十七八岁的时候，经人举荐，进入了介休侯氏创立的蔚长厚票号做学徒，命运之神终于开始向他招手了。蔚长厚是与"天下第一号"平遥日升昌齐名的票号，想进入这家票号太难了！阎维藩非常珍惜这个来之不易的机会。他平时做事勤快，追求完美，又善于交际，

第九章　处盈虑方扩基业

还写得一手好字，所以深得掌柜赏识，二十多岁时就升任福州分号的经理。年轻充满活力的阎维藩，可谓春风得意，三五年间就给蔚长厚带来了不少收益。

在任期间，阎维藩与侯家的合作本来十分愉快，但一件事让他不得不离开那里。阎维藩性格豪爽，好结交朋友，他结识了福州一位年轻都司恩寿，二人交往十分密切。恩寿虽然很有才能，却屡屡得不到升迁的机会。清政府政治腐败，卖官鬻爵已成为"常开事例"。常言道"水往低处流，人往高处走"，恩寿也想打通关节往上爬，只是手里的银子不宽裕，没钱贿赂上司。无奈之下，他找到好朋友阎维藩，想从他那里借一些银两疏通关系，以便能够升迁。阎维藩听到朋友的打算后，十分支持。他想，如果在恩寿处于困境时帮一把，他日后飞黄腾达，将来还愁没银子可赚吗？不过，十万两银子对分号来说不是小数目，如果打了水漂，他这饭碗也就砸了。阎维藩辗转反侧，反复权衡利弊后，最终答应瞒着总号借给恩寿白银十万两。恩寿十分感激阎维藩，发誓事成之后一定还上。

阎维藩虽然在赌，但他相信自己能赌赢。然而，一个伙友妒忌他，写信给总号告了阎维藩一状："阎维藩这样胆大妄为，擅作主张，蔚长厚迟早毁在这小子手里！"总号掌柜对阎维藩大加斥责，认为他这么大的事不与总号通气，不仅有越权之过，更有假公济私之嫌。于是派人来福州查处阎维藩。

事实上这一把阎维藩赌赢了。过了几年，恩寿升任汉口将军，不仅把借款全部还清，还付足了利息，而且热心帮票号开拓业务。阎维藩的心里总算舒了一口气。但是，当他想到当时总号对自己的斥责，心里就不舒服，最终决定另谋高就。

乔致庸把阎维藩的底细查清楚后，高兴得一晚上都睡不着觉。"人才！人才！三军易得，一将难求！像阎维藩这样既精通票号业务，又有远见、善于交际的人才，打着灯笼都找不到啊！这可是老天爷给我乔家送来的大财神爷！"他兴奋地嚷道。第二天，他决定与儿子乔景仪一起去路上迎接。他派人准备好了八抬大轿，急匆匆赶往阎维藩的必经之路——子洪口等候。

在这之前，大德兴丝茶庄汉口分号掌柜找到阎维藩，对他说："阎先生是票号奇才，保准还没回到祁县，便会有人来争抢。"阎维藩苦涩一笑，未置可否。他在恩寿处逗留了几天后，便乘船北归。

数日后的一个傍晚，阎维藩在怀州沁河码头登岸。夕阳斜斜地照着怀州沁河码头，微风吹过落日余晖笼罩下的水面，涟漪慢慢扩散开来。阎维藩回望来路，脚步变得踯躅起来，他暗自思忖：这次辞号是不是有些意气用事了？是不是自己当了经理后傲气了？回了祁县，去哪里找到比蔚长厚更好的票号去？阎维藩苦笑摇头自语："罢了罢了，往事不能回头，不自讨苦吃，又怎能时来运转？"

第二天，阎维藩雇了辆驴车上路。驴车行走在太行山西麓崎岖的山道上，他心中很是落寞。到了盘陀村，阎维藩更是感慨：回家的路也是这样坎坷！离家越近，脚步越慢。他不知道前面子洪口有个七十多岁的老者已经等他两三天了。

这天，乔景仪终于等到了阎维藩。他远远地便迎上去，拱手道："阎掌柜，一路辛苦！景仪和家父在这里恭候多时，等着给先生接风洗尘呢！"乔景仪上前说明来意。

阎维藩有些吃惊，他了解过不少乔家的情况，听景仪这么说，急忙从驴车上下来，拱手道："乔少东家，久闻大名，今日得见，实乃三生有幸！"

这时，乔致庸走过来，笑呵呵地说："阎掌柜，乔致庸对阁下慕名已久，今天总算把阁下盼来了。"说着他让人把大轿摆好，伸手做了一个请的手势："阎大掌柜，请上轿吧！"

第九章　处盈虑方扩基业

阎维藩连连摆手："乔东家今日如此厚待，阎某如何担当得起！"看着风尘仆仆的乔家人，阎维藩顿时感动得热泪盈眶，但他坚持不上轿。

李大掌柜在旁边笑着劝道："东家专为迎候阎大掌柜而来，已在这里候了几日，阎掌柜就不要客气了！东家原本想去沁河码头迎候，担心中途错过了，才在此等候。"

乔家父子的举动使阎维藩非常感动。他认为，凭借乔家的势力，寻找一个像他这样的人轻而易举，他们却如此兴师动众，充分说明了乔家对自己的重视。但阎维藩怎能接受这样的礼遇，自己坐八抬大轿，老少东家骑马，这成何体统！推让了许久之后，他想出了一个解决办法：他把自己的衣帽放在了轿子里，算是代替他坐轿。然后，骑上马与乔致庸并行。

路上，乔致庸问："阎掌柜在外十好几年，今日返乡，有何感想？"

阎维藩扼马前望，半晌道："古诗云'锦衣骢马好还家'，可阎某今日还乡却一事无成，实在惭愧！"

"阎掌柜在票号界早已声名远播，年纪轻轻就担任大掌柜，怎能说一事无成呢？以阎掌柜的胆识和才干，想成就一番事业岂不是轻而易举！"

阎维藩苦笑一声，连忙把话题岔开了。乔致庸便与他谈票号业的发展趋势。阎维藩业务娴熟，谈吐有节，精明而不失稳健，自信而不越礼度，对时局和票号业务更有许多真知灼见。乔致庸心中已经暗许他进入大德恒总号，担任经理一职。

当天中午，一行人来到祁县城内小东街大德恒总号。乔致庸亲自领着阎维藩参观，然后又设宴款待。席上，乔致庸当众宣布由阎维藩接任大德恒总号经理。阎维藩又惊又喜，忙起身拱手道："乔东家这般看重维藩，实在让在下受宠若惊、感激不尽。只是经理一职，责任重大，请东家给在下几天时间，容在下考虑考虑。"

乔致庸笑道："应当，应当。阎掌柜有任何要求，都可以商量。"

宴席散了之后，阎维藩就见一顶华盖大轿和几匹披彩的高头大马往大德恒门前而来，后面还跟着一支鼓乐队。乔致庸对正在愣神的阎维藩说："今让乔家大管家景仪、孙儿映霞代表我，护送阎先生，锦衣骢马还家，无论您来不来我的票号，我们都是朋友。"

阎维藩感动得热泪盈眶，向乔致庸一揖到底："东家知遇之恩，没齿难忘。维藩愿殚精竭虑，效犬马之劳！"

乔致庸颔首微笑："既然如此，更无须多礼，阎经理快请上轿吧。乔致庸没有别的意思，只是不想让阎大掌柜这般有能耐的人，外出经商十年之后，就这样不声不响地回家。"阎维藩当下十分感动，也不再推辞，转身上轿。

乔映霞喊了一声："起轿！"一时间鼓乐齐奏，铁铳震天，他骑马前导，乔景仪紧随轿后，将阎维藩直送到下古县村家中。

第二节 定规矩，规范管理

乔致庸自从将大德兴丝茶庄改为票号后，就一直在思考管理的问题。之前十余年，他积累了不少经验，也曾制定过不少管理章程。但时过境迁，现今票号的经营环境和模式皆发生了巨大变化，有些规矩也需要做些调整修改。

这天晚上，月光朗照，窗前树影婆娑。乔致庸一人躲在书房里，草拟店规。他手拿小楷毛笔，一条一条地写着，又一条一条地修改，废纸丢了一大堆。

乔致庸一一写完，拿在手上左右端详，却听到身后传来李大掌柜声音:"东家,店规若是为约束号内众人而写,就不该贴在账房内,而应贴在公众能看到的地方;将店规贴在账房内,字又写得那么小,只能和账房先生有关!"

乔致庸竖起大拇指:"有道理,请说下去!"

李大掌柜继续说道:"恕我直言,东家闭门造车不可取,所有规矩宜讲明,自立宜切究,票号务须谨慎,所有规章,全在创始时认真作立,以期历久无弊。"

乔致庸笑道:"来来来,我们一起议一议。"

"东家太谦虚了。"李大掌柜赔笑道,"我能说的还不是老调重弹,无非是店规、店员考核、身股规则之类。这些皆宜向大家宣讲并张榜公开。"

"应当如此。"乔致庸高兴地说,"我们现在就把之前制定的各项条规好好捋一捋,明日就张贴出去。"

以前的第一项规定是关于票号店员素养的。内容大致如下。

其一,要注意形象。柜上做生意须平心静气,和颜悦色,声音悦耳,此乃生意乖巧第一法。

其二,言谈举止要成体统。店员要立"五品":行有行品,立有立品,坐有坐品,食有食品,睡有睡品。以上"五品"务要端正,方成体统。

其三,须养成良好习惯。店员须保持生活朴素,戒骄戒躁,杜绝沾染不良嗜好,禁吸鸦片、毒品,禁赌博、嗜酒、嫖宿。若有违者,由起初为学徒作保的人将违规者领走,以后永不录用。

其四,谦和、勤奋、勤俭。须做事勤快,吃苦耐劳,"诸凡事,切不可耗费浪荡;勿华丽,学简朴,免惹盗贼"。

其五,利以义制,以信取利。凡事待人以德,必须诚心相交,凡事自能仰仗。

乔致庸在公布店规时说:"近来票号习气,竟尚极欲穷奢,心高气傲者有之,志得意满者有之,以及荡检逾闲,任意贪占衣物者更有之,此皆局量褔浅,规模卑狭,所见太小,欲速则能达之故。我号谦慎相传,以高傲自满、奢华靡丽为深戒。且勤为黄金之本,谦和圣贤之基,自来成功立业,未有不从谦和勤俭中来者。我号来此占庄,须以谦和勤俭为根本,以务将来大成基础,既不负涉水登山之苦,兼可获公私两益之功。甚勿以川省富锦,奢靡相尚,致罹饱饭忘家之诮。至于等剀切申明,总以实力奉行为要,伙等果能遵行,不难破格起擢。倘有不循号规、与此反对者,则勿谓号中之待人薄也。"[1]勤俭谦和,不仅为圣贤之基,也是立店之本。

在平日的训讲中,乔致庸也屡屡强调"人弃我取,薄利广销,维护信誉,不弄虚伪"的道理,曾云经商之道首重信,次讲义,第三才是利。要以信誉赢得顾客,不能以权术欺人,更不能将"利"字放在首位,赚昧心钱。正是因为如此,乔氏票号才能够在社会动荡及信用风险极高的形势之下赢得民众及官府的信任。

光绪二十二年(1896年),乔致庸修改大德恒、大德通号规,又重立了多项"不准":不准在外巨数支使,以致祁无纪律也;不准私自捎物,致累人格也;不准就外厚道,致滋舞弊也;不准私带亲族,影射号中银钱也;不准私行囤积,放人名贷款也;不准奢侈滥费,以耗财力也;不准侵蚀号中积蓄也;不准花酒赌博,致堕品行也;不准吸食鸦片,致干禁令也。如有违反,一经查悉,立即出号,决不宽待。这些条款既是营业守则,也是为人准则,可见票号经营,实则是信誉经营,此言不虚。[2]

---

[1][2] 中国人民银行山西省分行、山西财经学院:《山西票号史料(增订本)》,山西经济出版社,2002。

第九章 处盈虑方扩基业

第二项是票号人员选拔及业绩考核规则。

大德兴票号在选拔人才时，以内部晋升为主，在为重要岗位选配、引进优秀人才的同时，也为有志青年提升能力、发挥专长、实现人生价值构筑了一条可行之路，这也成为票号考核店员的重要特色之一。

据史料记载，大德兴票号对于人才的选拔要经过如下程序："每一伙友入号，日间在门市部练习，晚间收市后，分由各高级伙友教授珠算及文字。半年以后，经高级人员推荐，乃有练习跑街资格。上市经年，经高级人员认为可以造就者，乃派充录信员，先誊各埠来函一年，后经文牍先生赏识，乃改缮外发信件，同时由文牍先生教以文字学。再经年余，乃有升充帮账之望。帮账半年后，遇各分庄有调换人员之举，经高级人员提拔，乃得派赴各埠分庄服务。一经外派，身价立高，勿问在分庄担任何项职务，皆有二老板之身份。"

票号对人员的考核标准是严格的，要从德、能、智、信、仁等各个方面考察，合格者才可以担当大事。店员从学徒到伙计，直至掌柜，要坚持学习，不断进取，提高自身专业能力，不断积累经验。通过这种严格的内部考核，能确保选拔到重要岗位的人业务能力强、道德素养高，而且还能保证票号有源源不断的人才供给，满足票号的人才需求。

此外，通过能否顶股和顶股股数的增减变化考核员工录用后的业绩。能够顶股的基本条件是工作三个账期（九至十五年）以上、工作勤奋、没有过失，最初份额不能超过二厘，以后每逢账期，一次可增加一二厘，增到一股为止，达到后便不能再增加。顶股股数是否增加和增加多少是根据员工的技能、品德和对票号贡献的大小来决定的，"贤者多增，次贤者少增"，体现了公平、公开、竞争的原则，使得考核具有长期性和持续性。

而职员一旦有违反号规的行为，则会被清除出号，大德兴票号执行号规严格，赏罚分明，不徇情、不护短。

大德兴票号顶身股制度，集激励与考核为一体，是对复盛公原有顶身股制度的进一步完善。在票号管理中，如何有效调动经理（掌柜）和店员（伙计）的工作积极性，一直是乔致庸在思考的问题，对票号能否保持长期的生命力至关重要。乔致庸很早就在自家的店铺中创新性地实施了顶身股制度，将工作资历、工作业绩与工作报酬挂钩，充分调动经理及员工的工作积极性，实现上下一心，同舟共济，互利共赢。但票号与一般店铺又有所不同，大德兴票号规定：凡商号中的掌柜、伙计，虽无资本顶银股，只要工作勤奋，没有过失，业绩优秀，就可以劳动力顶股份，而与财东的银股（即资本股）一起参与分红，且顶身股者不承担亏赔责任。掌柜的身股大多是在聘用时，东家与其订立书面合同时有相关规定。票号内的各职能部门负责人、分号经理、伙计是否顶股、顶股多少，按每个人的工作能力和工作效率确定，由掌柜考核并向股东推荐后确定。身股的起点为一厘，上限是一股，俗称"一俸"。从一厘到一股，有十个等级，大掌柜一般可顶到一股，协理、襄理（二掌柜、三掌柜、分号掌柜）可顶七八厘不等，一般职员可顶一二厘、三四厘不等（到了后期，店员越来越多，还增加了半厘，等级划分达到十九级）。

老伙计们都拿到了合适的股份，新伙计的心也定了下来，真正把乔家的生意当作自己的事业。当别的商号伙计还在眼巴巴盼着涨薪水时，乔家的伙计已经成为商号的一分子。其时流传着一句话："做官的入了阁，不如在茶票庄当了客。"可见顶身股的诱惑力。

光绪十四年（1888年），大德通票号号规中记载，"各顶身力，每年应支：一俸者以一百五十两，九厘以一百三十五两，八厘以一百二十两，七厘以一百一十两，六厘以一百两，五厘以九十两，三

第九章 处盈虑方扩基业

厘以八十两,二厘以七十两,一厘以六十两,每年春冬两标下支"。在票号中没有顶身股的职员,实行年薪制,到年终还有赏钱。史料记载:"自二三十两至七八十两、一百两不等。或一年领一次,或一年分两季支取。领薪水者,到年底尚有赏钱。学徒也有薪水,每年八两居多。年终赏钱大概有几两。学徒的薪水,按其成绩逐年增加一次,自二两、四两起至十二、十四两止,到了年俸可得七八十两时,则有资格顶身股一二厘了。"

光绪二十二年(1896年)时,乔致庸重议故股章程。

"凡事之首要,茂规为先。始不茂规,后头难齐。今将议定规矩,开列于左……各顶身力,每年应支:一俸者以一百五十两,九厘以一百三十五两,八厘以一百二十两,七厘以一百一十两,六厘以一百两,五厘以九十两,三厘以八十两,二厘以七十两,一厘以六十两,每年春冬两标下支。除应支外,分文不准长支。如有不合者,勿论铺辞、辞铺,但是不到年终,不管生意余亏即按应支结清……定人力故股,一厘至六厘,四年清结;七厘至一俸,六年清结。若初顶身股,未经账期而故者,勿论多少,三年清结。若功绩异常,或临故有毁之事,宜加宜减,众东另议。"

这条身股规则其实是非常重要的薪酬制度,按绩级定身股也是大德兴、大德恒、大德通、大德丰票号最有特色的奖励制度。乔家票号虽晚于日升昌几十年,但在经营策略、融资能力、管理水平等方面成为后起之秀。

乔家的所有店铺,追求人际关系的和谐,使人能宽容相处,和平共事,能协调官商、师徒、商商之间的复杂关系。这体现了乔致庸的大家风范。

第三节　新官上任

乔致庸礼贤下士，知人善任，一时传为佳话。阎维藩也是言而有信之人，一周后即来到乔家堡拜访乔致庸。乔致庸正与李大掌柜商议在北京增设分号一事，见阎维藩比约定的时间提前了三天，非常高兴，起身将阎维藩迎进客厅。

没想到，阎维藩一进门便向乔致庸和李大掌柜拱手道："二位，今日维藩前来，并非来就任大德恒经理，而是……而是向各位掌柜和乔老爷告罪的，在下恐难出任经理一职！"乔致庸和李大掌柜皆满脸愕然，笑容骤敛。李大掌柜急忙问道："阎大掌柜，您和东家不都说好了吗？等您到家处理好家事，便来大德恒上任，怎么这会儿又变卦了？是不是因为李某在这里做大掌柜让您感到掣肘？这事您不用顾虑，大德恒虽是由乔家三堂（德星堂、保和堂、在中堂）合股创设，但各股东都不参与决策和管理，东家请您做经理，自然是由您全权掌管票号生意！"

"这个……"阎维藩确实有过这方面的担忧，怕有职无权。他一时不知如何接话，欲言又止，便向乔致庸看去。乔致庸会意一笑："阎大掌柜有什么不方便之处，尽可以说出来，咱们再好好商量。"

阎维藩看着乔致庸，面露难色："东家、李大掌柜，你们切莫误会，在下并无任何不方便之处，何况东家待在下恩重如山，阎某感激不尽。正因如此，维藩回家后整整思考了一周，今天才决定登门向东家辞掉经理之位！"一听这话，乔致庸和李大掌柜更是不解。李大掌柜又问道："阎经理若实在不愿担任这个职位，东家自然也不会强人所难。但不管怎样，请阎经理说出其中原因，也好让我们发现票号存在的问题和

第九章　处盈虑方扩基业

需要改进之处。"

阎维藩料到会有这样一问，事先已经过深思熟虑，缓缓回道："东家礼贤下士，待我关怀备至，礼数无所不周且用心良苦，阎某本该竭诚相报。其实，在下确实已下决心为乔家票号尽心竭力效劳，然而，经过数日的思索后，维藩发现今日即使接受了这个经理职务，也断然做不好，只会辜负东家期望！"乔致庸一听，愣了愣，急问："阎先生为什么会有这样的想法？"

阎维藩稍犹豫了一下，认真说道："东家想将乔家票号办成天下最大的票号，实现汇通天下的目标，这里，维藩不能不提出一些相反的看法。"

乔致庸一直在细心听阎维藩讲话，不时点头："阎先生但说无妨，致庸洗耳恭听。"

阎维藩直言不讳道："东家，古圣老子说过，鱼不可以脱于渊，国之利器不可以示人。办票号是在天下织成一张金融信誉之网，事关国家经济命脉，是国之利器，这把刀切下去，不只是朝廷，那些试图把控大清钱财的洋行，都会感到切肤之痛！这种在中国商界开天辟地的大事，能给天下人带来大利，也是国之大利，但这向来只能由国家来办，怎么可能由十几个山西商人来办呢？若让一帮商人掌控了国之命脉，朝廷怎么办？他们会安心吗？票号既是国之利器，那么朝廷迟早会将利器收回去。所以，东家汇通天下的美梦终归是要破灭的。"

乔致庸完全明白阎维藩的话意，嗫嚅道："这个……我只想到它对天下商人的好处，并没有想到这关系国之命脉……"

阎维藩点头："对，但是东家能看到它对天下商人的好处，别人就能看到其中之利。东家要做的是惠及天下的大事、好事，可这种大事、好事办起来本身就困难重重，不会十分顺利，何况在现在这种世道？"

乔致庸沉吟片刻，坚毅说道："阎先生，大丈夫立于世间，无非是立德、立功、立言三件事。立德之事乔某一生都在坚持，不敢说有什么大的德行，但为商一生，问心无愧。立功的事乔某并不奢望，若能给国家出份力，也绝不迟疑。身为一个商人，能做的也就是为天下人做些好事，立个口碑。若能做而不做，见机而不起，那是懦夫！"

阎维藩不禁皱了皱眉，说道："至于'见机'，在下并不认为当下是最好的时机。朝廷甲午之战新败，日本明治政府勒索白银二亿两，列强也乘机大量输出资本，外商银行向我国内地扩张，进一步操纵大清经济命脉。在现在这种局势下，要将票号开遍天下，很不现实。东家怎么认为当'见机而起'呢？"

乔致庸的神色更为肃然，沉声道："汇通天下，不仅仅是为了赚钱，也不仅仅是解决商人异地、长途贸易的困难，而是着眼于帮助朝廷、帮助国家、帮助百姓解决实际困难。国不强，民族受辱，作为票商更当奋起。朝廷显然不想让外国资本控制国家经济命脉，在国家没有银行的情况下，还需要票商来排忧解难，这正是票号在乱局中生存发展的又一大机会。"

阎维藩点头表示赞同，说道："而这也只是维藩不能接任的困难之一。维藩首先要看到东家的决心。"

"那么还有什么原因呢？"乔致庸接着问。

阎维藩郑重回答："东家，如今不仅票号之间的竞争越来越激烈，还要与洋人的银行竞争。票号是家族式企业，而现代的银行则是以法律为根本依据。两者间的差别不仅在于管理，更在于集资方法的不同。不管关系网范围多广，家族式企业的集资主要还是围绕亲戚朋友展开，资本的来源依赖个人的信用。而银行的集资方式扎根于法律，讲究所有权和经营权互不干涉。而大德恒是典型的家族式企业，东家说是东家，其实就是票号真正的大掌柜。东家虽然想用维藩这个人，却不一

第九章　处盈虑方扩基业

定真正舍得将乔家票号交由维藩全权经营。"

乔致庸深以为然。过去他对复盛公也好，对大德兴也好，凡事都要过问，许多事情都亲力亲为。虽然给了各总号、分号掌柜相当大的权限，但都没有突破他所划定的框架。于是，他问："乔致庸需要如何做，阎先生才会接任乔家大德恒票号的大掌柜？"

阎维藩看了乔致庸半晌，接着下定决心说道："事关紧要，维藩也不得不直言，得罪之处，只能请东家海涵了。在下的要求，就是东家放权。也就是说，东家除了四年一个账期，按股份分银子，其余一概不能过问！维藩做事不喜欢有太多限制，东家若要处处限制，维藩一定做不好，所以维藩在不能得到足够多权限的情况下，实在不能接任这个大掌柜。若勉强接受了这个职务，维藩也不会按东家的办法经营，必须用我自己的办法。这套办法可能会让东家反感、干涉，很多事就推进不下去。因此，我思虑再三，只得请辞。"

李大掌柜看看乔致庸，心中忍不住叹一口气：阎维藩竟提出财东不能插手经营活动，连推荐学徒的资格都没有。不知是自己的思想保守，还是阎维藩的思想激进，他总觉得这是不可思议的，乔致庸一定不会同意。

而乔致庸心头一阵翻腾，好一会儿情绪才稳定下来，平静地说："阎先生，假若乔致庸依您所言，将乔家大德恒票号全权交给先生经营，具体事务一概不参与，那先生打算如何经营？"

听这话，东家这是准备答应了。阎维藩激动起来，本想畅谈一番自己的设想，但略一思忖，又觉得不妥，讪笑道："这一句两句哪说得清楚？"

乔致庸目光炯炯盯着他，眼中满是坚定和期待："您尽管说。"

阎维藩犹豫良久，才说道："东家只需知道，维藩心中所想与东家是一致的，经营的细节不必多问。东家只需负责出资和聘用大掌柜

（总经理），其他问题，维藩自有办法。维藩一定尽力帮东家实现汇通天下的愿望！"

闻言，乔致庸激动地上前一把抓住阎维藩的手："阎先生，您也认为汇通天下有一天能够实现？"

阎维藩满怀豪情道："东家有一颗鲲鹏之心，维藩知道。为了实现汇通天下的梦想，东家立誓可以花去二十年、三十年，甚至一生……维藩又何曾不是这么想的！我早年投身票号业，从伙计做起，又在分号大掌柜的位置上惨淡经营了十年，若不是一直有汇通天下之心，为何要在这一行受苦？"

乔致庸向阎维藩看去，泪几乎要落下，转而大笑道："知我者阎先生也……"

阎维藩还没待乔致庸说完，就发誓说："东家若将乔家票号交由维藩打理，只要维藩不死，维藩就一定替东家，也替自己和天下有为的票商，遂了汇通天下之愿！"

乔致庸猛地站起，双手一拱，话还未出口，泪却落下来。阎维藩大惊，只听乔致庸哽咽道："阎先生，乔致庸原来以为，今生今世，再也找不到第二个人和我一起去做汇通天下这件大事了。如今，是上天可怜乔致庸，把先生赐给了我，不，是赐给了天下商人！阎先生，即日起，大德恒票号就交给您了！我们一起去实现汇通天下的目标，此生无憾矣！"

阎维藩再也忍不住内心的激动，跪倒在地。乔致庸眼见着，也赶紧跪下，只喊了一声："阎先生……"两人你拜我，我拜你，泪流满面。

李大掌柜见状大吃一惊，先扶起乔致庸，再扶起阎维藩。正所谓惺惺相惜，乔致庸在七十多岁的高龄，终于找到了一个能替自己完成汇通天下宏愿的后继者，他的心暂时获得了安宁。

好一会儿，乔致庸激动地对李大掌柜吩咐："大掌柜，快写信给包头的马大掌柜,让他回来,我们一起去京城,把'汇通天下'的牌子挂出去。"

第四节 龙争虎斗,艰难前行

阎维藩走马上任后的第一件事,就是处理大德通北京分号与老牌票号日升昌的矛盾。这件事,本该由大德通总经理高钰处理,但高钰随户部尚书赵尔巽去了东北考察,并准备在东北增设分号,因此北京分号的麻烦就由阎维藩代为解决。

乔致庸有好几年没去京城了,虽然他答应不再插手任何一家票号的具体事务,但并不表示他不关心各票号的经营状况。他不顾自己七十多岁的高龄,再赴北京。

大德通票号北京分号位于前门大街打磨厂。阎维藩和乔致庸到大德通北京分号后,发现情形远比想象中严重:晋商票号之间,为代理朝廷甲午战争的赔款业务,明争暗斗,竞争对手利用各种手段打压大德通,分号员工以为要撤号,纷纷兑现薪水,随时准备辞号。

阎维藩首先要做的是稳定人心,他决定将一块"汇通天下"的大横匾挂在分号大门上,向公众宣布,大德通票号不仅不会撤出京城,相反,还将为实现"汇通天下"的目标而努力奋进。然后,他设宴盛情邀请晋商票号日升昌、谦吉升、蔚泰厚、三晋源、协同庆在京城的分号掌柜(经理)参加挂匾仪式。

挂匾这天,北京分号的掌柜匆匆赶过来,对乔致庸附耳道:"东家,日升昌的大掌柜张兴邦(第五任大掌柜)昨天也到了北京!"乔致庸一惊,张兴邦来京定然是有要事。日升昌作为票号的首创者,在晋商中享有极高地位。分号掌柜问乔致庸:"我们挂牌,给不给他帖子?"

乔致庸道:"当然要给,张大掌柜是票号业的前辈,一定要请!"

两日后,大德通票号店堂里外披红挂彩,鞭炮声四下响起。乔致庸和阎维藩、马大掌柜在一些相与商家的簇拥中,将一块"汇通天下"的新匾额挂在了大德通京城分号檐下。

忽然,原本热闹的场面突然安静了下来,只有鞭炮声兀自零星地响着。乔致庸扭头看见张兴邦已经冷冷地站在贺喜的人群中了。

张兴邦旁边站着日升昌分号经理侯垣,他哼了一声,挑衅道:"乔东家,自你跻身票号业,有些规矩都被改了,你这'汇通天下'的牌子一挂上,就得兑现,眼下大德通在全国各州、府、县共有多少分号,你就敢挂出这样的招牌?"日升昌和蔚泰厚早年就是竞争对手,而阎维藩曾是蔚泰厚分号经理,侯垣自然不会讲客气。

乔致庸哈哈一笑:"侯掌柜说得对,今天仅靠大德通一家之力,无法与国外资本抗衡,可是乔致庸已经想到了一个办法,能使'汇通天下'这件事不再成为一件难事!"众人一惊,连大掌柜张兴邦也睁大了眼睛。

日升昌分号经理侯垣不屑地说:"那我们倒要领教了,是一个什么样的办法,能让贵号做到汇通天下?"众人一齐看向乔致庸。只见乔致庸又是一笑,道:"诸位,这话本想到了酒席上再说,既然大家这般希望知道,乔致庸就不好不讲了。若有冒昧之处,还请各位见谅。"

众人道:"乔东家,你就不必客气了,说吧,我们都等急了。"乔致庸对着张兴邦和众人拱拱手,诚恳地说:"乔致庸只有两句话想对诸位同仁讲。第一句话,票号业在过去的几十年,已经改变了大清商人经商的方式,也给大清的商业带来空前的繁荣。眼下各地商旅对票号有很大依赖,而且,朝廷及各地官府为抵御外资操控国家经济命脉,也要借助于票号的力量,因此票号还有很大的发展空间。第二句话,就目前的规模和影响而论,票号业还不足以为天下商人行大方便,

第九章　处盈虑方扩基业

为天下苍生谋大利益。要想做到这一点，各票号还需要增设更多分号，让'汇通天下'这四个字尽快成为现实。但乔某发现，现实是各票号之间为眼前利益勾心斗角，而外资又乘虚而入。若要扭转这一不利局面，唯有各票号联合起来，只要票号界的同仁早日携手，汇通天下的梦想，就有机会实现！"

乔致庸的话，让众人深感震惊，大家纷纷议论起来。张兴邦手一举，提高声音说："诸位安静。乔东家，你的这些高论我好像在十几年前就已经听过了，现在我还是想听你说，你有什么办法，能让大德通、大德恒在当下就做到汇通天下！我真正想请教的是这个，而不是这些空泛的高调子！"

乔致庸微微一笑点头道："好，张大掌柜，乔致庸的办法非常简单，也非常方便。当今仅晋商之中，就已有十多家票号，各家的分号加起来，共有几百处，多分布在西北、京津和江南一带；另外，还有几家钱庄，分号也有好几十家，分布在东南沿海一带。加起来在全国各地就有了几百家票号和钱庄。张大掌柜，各位相与，各位同仁，既然说到这里，我想告诉大家，下一步就是联合各位的票号，实现票号之间的通存通兑。外资银号，其组织形式比我们晋商的票号更为严密，业务范围更为广泛，管理方式更趋于规范化，我们要与它们抗衡，甚至压倒它们，只有把晋商的票号、钱庄通通联合，才有胜算。"

张兴邦已经明白了乔致庸的意思，脸色难看起来，逼问道："乔东家，我看你是打算牵这个头，把我们晋商各票号都控制在你乔家一家之下吧？你的野心也太大了吧！"日升昌票号成立最早，发展比较平稳，甚至可以说有些保守，但一直保持着票号领军者地位。如今乔致庸似乎有让大德通取而代之的意思，张兴邦哪里会有好脸色。

乔致庸丝毫不畏惧，看着众人，激情高昂地说："说到领军牵头，张大掌柜是票号界的前辈，又是票商的领袖，只要您登高一呼，联络所有票号，在各家之间实行通汇通兑，同时引领更多的商家进入票号业，在全国一十三省遍开票号，不只是大德通、大德恒，所有的票商都能实现汇通天下的目标！"

众人一惊，一起下意识地将目光转向张兴邦。张兴邦面色陡变，一句话也不肯说，乔致庸又上前一步，恳切地说："张大掌柜，全国票商中，再没有谁比您更有资格出面做这件事了。如果前辈愿意出面促成这件大事，乔致庸现在就可以表个态，乔家的两大票号愿意和其他票商同仁合作，乔致庸在这件事上，一切唯张大掌柜马首是瞻，听候张大掌柜调遣！"

乔致庸的话说得很谦虚，姿态也放得很低，张兴邦却不知如何是好。四周的目光齐刷刷地落在张兴邦身上，气氛骤然紧张起来。张兴邦脸色铁青，猛一拱手道："乔东家，你的高论老朽领教了，但我可以明白地告诉你，你，你……你那是白日做梦！"说着他转身走向自己的马车，绝尘而去。

乔致庸失望地望着张兴邦离去的背影，如当头被人泼了一盆凉水，一时间竟说不出话来。众相与、掌柜看着这个情形，相互使了使眼色，纷纷向乔致庸拱手告别："乔东家，告辞！""我们有事，酒就改天再喝吧！"不一会儿，众人纷纷离去。望着慢慢散去的人群，乔致庸的目光慢慢冷峻起来。

阎维藩也感觉到，乔致庸虽心怀天下，但晋商票号的分裂及相互竞争已成必然之势，而面对实力更强大、背景更雄厚的洋行，票号各自为战的最终结果也必然是走向衰亡。眼下所能做的是抓住时机，最后一搏。他沉吟半晌，对乔致庸说道："日升昌票号虽有官府的背景，但我看来，势力还谈不上强大；日升昌的前几任掌柜都为人清高，而自视甚高倚仗的是他们的财力。如果大德通能在财力上不输日升昌，取而代之，也未尝不可！"

第九章　处盈虑方扩基业

夜晚，北京大德通分号的内室里，气氛有些严肃。马大掌柜开口道："东家，您把张大掌柜得罪了，他肯定会排挤大德通，恐怕日子会越来越不好过啊。"

乔致庸苦笑道："我说这些话，是为天下商人着想，也是为天下票商着想，当然也是为他日升昌着想，怎么就得罪他了？"马大掌柜叹道："您让他在票号业牵头，在各家实现通兑，这些话就已经得罪他了，尤其是您还劝他引领更多晋商进入票号业。哎，这张大掌柜和别人不一样，他在票号行混了多年，自从他接管了日升昌，就一直认为别人不该再染指这一行，更不该与日升昌争抢龙头地位。地盘也好，生意也好，都应该让它日升昌来做。至今他还认为自个儿是票号业的老大，他都没敢在店门前挂出'汇通天下'的招牌，今天咱们却挂上了，要挂也得他先挂呀！您想想，您说的话、做的事，都像是在挑衅他。"

乔致庸点点头，他也预感到，晋商票号之间会有一场激烈较量。后事的发展正如乔致庸所料，日升昌施展手段，开始挑战大德通。

日升昌京城分号在崇文门外草厂十条南口，距离大德通分号不远。分号经理侯垣为了排挤大德通，每天派人抱着大金元宝来大德通分号兑换银子，一天至少要兑二十多个大金元宝，一连三四天都是如此。其时，一个大金元宝就是五十两金（大金元宝面值分五十两、二十两和十两，小金元宝为五十克）。一两金子大概可兑二十两白银。一两白银就是一贯铜钱，即一千文（金、银、铜比价是浮动的）。二十个大金元宝换成银子，就得银万两，三四天就得三四万两。显然，日升昌是想用这种方式，把大德通分号的银子耗光。并扬言，只要大德通拿不出银子来，就把大德通"汇通天下"的招牌砸了。

分号掌柜请示乔致庸如何处理此事，乔致庸则让他去问阎维藩。阎维藩便直接开口："只要银库还有一两银子，就给他兑。尽管张兴邦是有备而来，但这招咱也得给他接着。"

到了第十天，日升昌京城分号再也没有金元宝拿出来兑换了。晚上，程之善正伺候乔致庸吃饭，京城分号掌柜过来，高兴说道："东家，今天日升昌的最后一个大金元宝也进了我们的银库，只要东家愿意，明天我就带上这些金元宝去日升昌换银子，要是没银子，也让他们自摘招牌！"

阎维藩说："日升昌京城分号的现银估计有近三十万两，几十个大金元宝还奈何不了它。若真想与他们争斗，完全可以去平遥日升昌总号办个二三十万两的汇票，再来京兑取，一下子就可令它银子枯竭。大德通、大德恒有这样的财力。但是，这样做与东家的想法是相悖的。东家正极力倡导晋商票号联合，共同实现汇通天下的目标。所以，这种争斗伤的还是晋商的财力，能避免就避免。"

闻言，乔致庸点点头，向阎维藩投去赞许的目光。然后他对众人说："龙头的位置不是靠争斗来的，再说日升昌也没有对我们下死手，我们不需与日升昌去斗。现今京城各票号的业务很多，除了最初的商贸汇兑外，还代政府筹措汇解京饷、军饷，筹还外债，收存朝廷及各省官款等等，任何一家票号，都不可能独立承接所有业务，没有必要进行损人不利己的竞争。真正说到争斗，倒是当与国外资本——那些洋行、银行斗一斗。"

分号经理说："那对日升昌的挑衅我们就这样忍气吞声了？忍下去，分号代理甲午赔款的生意只怕也要落入他人之手。"

乔致庸充满自信地说："只要高钰总经理在，代理甲午赔款业务别人就抢不走。"随后他还宣布，大德通总经理（大掌柜）高钰主要分管北京、天津、张家口、沈阳、归化、包头、西安、兰州、济南等北部地区票号，大德恒总经理（大掌柜）阎维藩分管上海、汉口、常德、苏州、杭州等南部地区分号，并着重拓展各大开埠城镇业务。马荀仍为复盛公大掌柜，分管复盛公总号及其所有分号。

第九章　处盈虑方扩基业

因宴请京城各票号掌柜、相与未能如愿，乔致庸便分别造访了合盛元、蔚泰厚等几家老字号，依然是倡导晋商票号联合，建立联盟，共同抵制外资银行的扩张，维护金融稳定，但响应者寥寥。其时，西方列强掠夺中国领土、实行政治压迫的同时，大量外国金融资本也纷纷渗透进来，除了汇丰银行之外，先后在中国设立了东方汇理银行、道胜银行、德华银行等机构，并加紧向内地扩张。而外国银行对中国商人放贷的利息非常高，最高的竟达到40%。

乔致庸最后一次在北京活动了一个多月，一无所获。他深感自己力不从心，于年底返回祁县乔家堡。自此以后，乔致庸只做财东，不再过问生意上的任何事情。

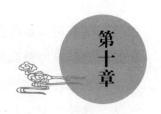

第十章

登顶巅峰留遗憾

第一节　提前筹划，进退有据

甲午战争的失败，一方面宣告了洋务运动的失败；另一方面，再次掀起欧洲列强瓜分中国的野心，也直接导致中国人民挽救民族危亡运动的高涨。有意瓜分中国的欧洲强国，对清政府进一步提出无理要求。

光绪二十四年四月二十三日（1898年6月11日），光绪帝颁布了"明定国是"诏，维新变法正式开始。但是，维新变法的措施触动了实力强大的守旧官僚的利益，慈禧太后随即加快了政变的部署。三个月后，维新变法宣告失败，光绪帝被废黜。朝廷传谕，地方各省每年缴付给朝廷的官银是朝廷命脉、国家的根本，不能再让票商染指。有违旨者，一律严惩不贷！

同时，义和团运动如火如荼，竖起"扶清灭洋"的旗帜，四处烧教会、杀教士，抵制所有外国事物。而朝廷对义和团剿抚不定，西方列强以镇压义和团为由，纷纷增兵天津。国际国内形势剧变，晋商票号再次面临生存危机。

光绪二十六年（1900年）一月，慈禧发布维护义和团的诏令。直

第十章　登顶巅峰留遗憾

隶总督裕禄由原来剿灭义和团，转变成扶助义和团。除了向义和团的成员发放饷银外，裕禄还邀请义和团的首领到天津开坛聚众，于是山东的义和团的成员纷纷涌入直隶。

这天下午，乔致庸正平静地坐在窗前，窗外一株株梨树开满了梨花，散发着清香。微风吹过，摇曳生姿。乔致庸的内心又被触动，喃喃自语：梨花俏丽娇艳，却经不起一点风吹雨打，美得短暂……这时，一个大德通总号的伙友急匆匆进来，打破了这片宁静。他给乔致庸送来一封急件，是高钰从北京发来的。信中谈及朝廷对票号发出禁令后，他收缩了各分号的业务；又因反洋运动风起云涌，政局动荡，他认为战争不可避免，战乱必然会使票号遭受破坏和损失，应该及早采取保护措施调运现银才是。一旦战事开启，北京、天津、山东将首当其冲。因此，他请求将京、津、鲁分号尽数撤庄。

乔致庸见信大惊，立刻把杨总账房、李大掌柜、程忠美、程之善及乔致庸三子乔景俨、长孙乔荩臣、次孙乔映霞等人找来商议对策。不过，此时乔致庸首先想到的不是撤庄，而是他汇通天下的梦想可能就此破灭了。所以他对众人说的开场白并不是撤庄，他说："天下兴亡，匹夫有责。我乔致庸一生所为，皆是为了实现汇通天下的梦想，为什么老天不给我这个机会，难道是我错了吗？"

程之善说："东家，你做的一切都没有错，但你生错了时候，这个时代，商人安全地活下去已经不易，可你偏偏不愿，你偏要做一个不同凡响的商人。但如今的天下，皇帝都管不了，您又何必管呢？"

乔致庸沉吟片刻，又叹道："汇通天下是利国利民的大事，朝廷为什么不让我做下去？如果我们做成了，就能拿出更多的银子外御强敌、内安万民，如果我们明知自己做的事关系天下兴亡，而且将造福后人，为何要放弃？"

杨总账房想劝乔致庸想开一点，嘴唇哆嗦了半天，才开口道："东家，现在是乱世，眼看就要打仗了，我们只是区区商人，若不能自保，何谈救国？东家，现在是要你拿主意，那些票号分庄撤不撤？"

"是呀。"乔致庸的目光变得呆滞了，列强入侵，朝廷腐败，大批银子流向海外，外国人渐渐控制中国经济，垂暮之年的乔致庸看到了国家即将崩溃的前兆，痛切地感受到自己以商救民、以商富国梦想的破灭。他沉默半晌，缓缓道："票号分庄撤不得，撤不得。"

闻言，众人皆明白了他的意思，于是，几个老伙伴就只顾与他海阔天空地闲聊，直到他的心情变得好起来。

与此同时，千里之外的北京，因时间紧迫，高钰等不及乔致庸回复，又另发急件，分别发往天津、济南，让大德通两分号迅速撤离。信中强调："务必速归，早回为是，万不可再为迟缓。早回一天，即算有功，至要至要。"

而在两年前，阎维藩曾凭借自己在官场中结交的耳目，早早地就判断出大局的走向不容乐观，已将大德通京城分号的大部分现银经运河运往了南方。战争初起时，高钰又下令各分号将现银调回祁县总号。因此，北京、天津、济南三分号的现银已所剩无多，撤庄不太难。约一个月后，天津、济南二票号的伙友应撤尽撤，票号所剩少量现银也尽数运往北京。

六月十日，在清政府默许下，义和团大举入京，他们烧教堂、毁铁路、杀教士。不久，高钰从户部左侍郎右翼总兵桂春（字月亭）口中得知，朝廷已经向八国联军正式宣战。高钰敏锐感到，列强肯定会接踵而至，而朝廷仅靠义和团，必然难以抵抗。于是，他紧锣密鼓地安排京城分号的撤离事宜。

七月十四日，八国联军占领天津，在城内肆意抢掠屠戮。有报道称：城中有鼓楼一座，"洋人率教民登楼，见北门拥挤不得出，连放排枪，每一排必倒毙数十人。又连放开花炮，其弹于人丛中冲出城门外，死者益众，而争逃者亦益多。有被弹死者，有失足被践死者，有因争道用刀乱斫而被斫死者，有被斫仆地践踏而死者。前者仆，后者继又仆，又践又死，层层堆积，继长增高。"报道还说："拂晓天津城破，居民争向北门逃走，多被洋兵打死街头，洋兵大肆抢掠，首当其冲的是当铺、金店、银号，然后是再抢其他商店和大户人家，各衙署也都被捣毁。"①"从鼓楼至北门外水阁，积尸数里。"商业中心地带，如城北的估衣街、锅店街、竹竿巷、肉市口都遭洗劫，城东的宫南、宫北、小洋货街一带，尽被抢光。高钰看过报道后，既感悲愤又为票号及早撤离而庆幸，长长地舒了口气。

几天后的一个早上，大德通京城分号经理匆匆跑进来，上气不接下气道："大事不好了，外头都在传，洋人占领天津后，马上就要打进北京了。"

众人皆惊，齐齐向大门外看去，只见街上已经乱作一团，店铺纷纷上起门板。几个时辰后，各种消息纷至沓来，有的说洋人在廊坊被打退，有的说洋人纠集了两三万人，已经打到通州！短短半天内，街上各种逃难的车马都已经出动，纷纷向城外拥去。

一个伙友催促高钰说："总经理，这消息应该不假，洋人怕是真的打过来了，官军根本挡不住！您得赶紧下令撤，再迟就来不及了！"

其实，高钰早就准备好了一切，只是还有些不舍。他从票号屋内搬出一张椅子，把屋檐下的那块"汇通天下"牌匾摘下来，用布包好，放到马车上，这才低沉地喊了一声："启程！"

八月四日，八国联军两万余人从天津向北京进犯。十四日，联军先头部队攻占天安门，次日凌晨进攻皇城东华门。

八月下旬，大德通票号的京津伙友全部撤回祁县。另外，大德通

---

① 马勇：《中国近代通史：从戊戌维新到义和团》，江苏人民出版社，2006年。

西安分号运往祁县的银车，由陕西护理巡抚端方派兵护送，一直送到山西平阳府。然后，平阳府杜金标又派兵于九月二日前护送到祁县。

第二节　福种琅嬛

光绪二十六年（1900年）八月十五日凌晨，在八国联军的枪炮声中，慈禧太后化妆打扮成普通老百姓模样，带着光绪帝、皇后，以及御前大臣王文韶、董福祥、桂春、桂祥等亲随等几十人，坐着骡车仓皇从神武门经德胜门逃离北京。因出逃得匆忙，也为了加快逃跑速度，他们既没有多带东西，更没有带多少侍从和军队。慈禧一路仓皇西逃，路上之狼狈，令人唏嘘。

在西直门外，直隶提督马玉昆率武卫左军千余人匆匆赶来护驾。慈禧喜不自禁，称赞马玉坤忠心可嘉，心思缜密。随后下令将之前的所有护卫人员统一交马玉坤指挥，保护慈禧一行西逃。

次日，来到京城七十里之外的昌平东贯（村），慈禧、光绪帝皆住在农民家里，粗茶淡饭，吃饱即休。

随后，过居庸关，经榆林堡、沙城，抵达怀来县，慈禧和光绪帝等人在透风又漏雨的鸡鸣驿勉强住了一夜。第二天，知县吴永匆匆赶来接驾，他见驾心切，只拿了一些粗粮食物。慈禧和光绪在康庄打尖，见到小米粥、玉米面、窝窝头，心里十分感激，连连夸奖吴永很忠诚，并晋封他为"粮台会办"，跟随两宫銮驾，负责饮食起居。虽时值夏天，但这里的天气白天极热，夜晚很冷，慈禧、光绪帝到了晚间，衣不抵寒。吴永便把自己老婆的棉袍、夹袄进献，请慈禧更衣。

八月十八日，两宫从怀来起驾，甘肃布政使岑春煊率威远军二千余人前来护驾，"迎谒于南口途次"。逃亡队伍由此壮大起来。

第十章 登顶巅峰留遗憾

八月二十日,两宫到达宣化,知府等地方官员出迎。在此停留三天,慈禧开始处理朝政,派奕劻回京交涉议和。

八月二十三日,两宫出宣化,继续西行,慈禧改乘八抬大轿,似乎有了一点皇家气派。

八月二十七日,经怀安县,过枳儿岭进入山西,到达山西境内的第一站天镇县。在此,慈禧旨令荣禄赶赴保定收集清兵,固守防卫,以防八国联军由直隶追入山西。

八月三十日,两宫行至大同府。巡抚、总兵以下大小官员出城至五十里铺恭迎。入城后,两宫驻镇台衙门,供应丰盛,官员随从生活均大有改善。休息四日后,传旨前往山西省城太原府。

九月六日,两宫登雁门关,在靖边寺稍停游览,岑春煊采了一束野黄花敬献,受嘉赏。因附近没有行宫驿馆,这一天驻跸代州阳明堡内贾家大宅。贾家的细心周到赢得了慈禧和光绪帝的赞赏,慈禧手书"大义斡用",光绪临走时给贾家留下了比较难得的两句诗:"五世同堂真富贵,一心念佛见如来。"

九月八日抵忻州,因中秋节,在二十里铺换黄轿三乘、绿轿两乘。在忻州贡院驻跸一日。在此,慈禧大变脸,颁布痛剿义和团上谕:"此案初起,义和团实为肇祸之由,今欲拔本塞源,非痛加剿除不可。"希望平息列强的怨恨。李鸿章奏请太后一行回京。

次日,两宫经麻会赴阳曲,宿于黄土寨。慈禧发电报下诏:将载勋、刚毅、载澜、英年等多人革职查办。

九月十日,两宫起驾,山西巡抚毓贤率领省城文武官吏数百人,至省城北二十里之外黄土寨跪迎,当晚慈禧下榻抚署,她的饮食和娱乐由大小官员负责。这是慈禧出逃以来迎驾的最高规格。毓贤把当年乾隆皇帝南游及西巡太原时所用仪仗銮舆,尽数取出,又新制龙旗二十四面,以壮观瞻。

随后，各级地方官员纷纷前来，争相报效，献上金银财帛，膳食服用，应有尽有。随扈直隶提督马玉昆及部众也在太原机器局修理了手中武器，监工陶庆春得赏"团龙马褂"。

九月二十日，慈禧在太原再次颁布剿灭义和团的上谕："此次祸端，肇自拳匪。叠经降旨，痛加剿戮。凡有拳民聚集处所，勒令呈交军械，克日解散，倘敢抗违，即著痛加剿除。以清乱源而靖地方。"慈禧亲自下令杀害义和团的成员。

九月二十三日，军机大臣荣禄自北京取道南路，经保定、石家庄到太原，所率之武卫中军已全部瓦解。与荣禄同时南奔的还有尚书崇绮，但在保定住莲花池书院时自缢。荣禄抵太原后，即奉旨充任首席军机大臣，并命鹿传霖任军机大臣。其时，李鸿章在京与各国交涉后，每日电报向慈禧太后请示。光绪又提出回京谈判，太后仍不依。各省钱粮亦奉命改道送至太原行宫。

九月二十六日，山西巡抚毓贤因义和团事件祸首之罪被革职，继由岑春煊暂代山西巡抚。一场镇压义和团团民的腥风血雨接踵而至。

慈禧西巡的目的地本是西安，而随驾廷臣及疆吏皆以"暂住晋省，静待和议，勿再深入内地"进言，故慈禧一时未决，两宫大有驻太原观望形势之意。这时，江苏巡抚鹿传霖入谒，奏称："太原不可居，西安险固，僻在西陲，洋兵不易至""进退战守，无不皆宜"，力劝两宫西进陕西。慈禧阅览鹿传霖的奏章后，十分高兴。

太原知县顾光照奉命在小店镇布置临时行宫，准备膳食；在北格镇布置临时行宫，准备茶水。同时，召集数百名百姓齐集小店，办理皇差。南北五十里，每日还有千余民夫修筑两宫逃亡的必经之路，以民宅充行宫，备"公馆四十余所，皆经工匠补修，绘画炫耀，陈设齐备"。

为稳定山西民心，确保西巡安全畅通，慈禧太后也给予了一些回报：发布豁免令，即免除山西当年应缴纳的款项和粮食。

第十章　登顶巅峰留遗憾

早在九月六日,"粮台会办"吴永就已先期到达太原,他一边传两宫旨令,让毓贤等人镇守固关,防止尾随的洋兵入侵山西,一边又让其他官兵维护社会治安,并动用官银,准备迎接銮驾到来。同时,他和新提拔的冀宁道台许涵度(原潞州知府,因馈献慈禧而得以升官),召集城内各大商号的商人们开会,动员大家为随行人马筹集饷银三十万两。由于此事发生突然,多数商号掌柜们不知详情,便以数额巨大,一时难以凑集为由,拖延应付。吴永和岑春煊一再催促,祁县的商户只得派出代表参会。

九月二十七日,山西地方官正式邀请岑春煊在太原商号座谈借钱事宜。乔家大德恒代表,二十五岁的执事贾继英与会。在会上,众票号代表都在犹豫,因为大家都知道,大清国已经摇摇欲坠,这银子说是借,倒不如说是抢。而此时,贾继英挺身而出,自报:"大德恒票号借十万两!"此话一出,语惊四座。众人纷纷把目光投向他。贾继英不慌不忙站起来,详细陈述了借银的利害关系,表明了晋商的爱国之心,从而使紧张尴尬的气氛趋于缓和,也有不少商号表示愿意借钱。

慈禧太后听了吴永的禀报之后,心中对山西商人又多了几分好感,认为这些人忠义厚道,又善理财,如有机会,可让他们为国效劳。

回到祁县总号后,贾继英向总经理阎维藩如实汇报,阎维藩两眼盯着他,问道:"你为什么答应?且一开口就是十万两!"

贾继英回答说:"八国联军各怀鬼胎,不会长期侵占北京,皇室断不会欠下庶民之钱!若大清江山亡于旦夕,覆巢之下,岂有完卵!票号、钱庄长期以来与朝廷官府互为依存,国家灭亡,票号哪还有好日子可过!"

阎维藩不仅没有责备他,反而直夸他做得好:"五百年必有王者兴,一千年也出不了贾继英。"他随即向乔致庸禀报此事,乔致庸同样称赞:"此人堪当大任。"

自此之后，贾继英多次代表乔家，与随扈大臣桂春、董福祥等或面晤或书信往来，交往甚密。

九月二十八日，大德通总经理高钰给桂春去信，内容如下："月翁司徒大人阁下，日前叩谒崇阶，幸获教益，感荷难言，正宜裁笺奉候。适接惠书，蒙示銮驾西幸，隆情关垂，感激多殷，想大人必随驾迓祁，已与本县台详明。将公馆备置敝号，俟荣旌迓祁，即祈移节（大吏改变驻处）敝号为叩，肃此奉复，敬请升安。"①高钰在国难爆发后，始终和内阁学士桂春保持着密切的联系。

九月二十九日，石家庄方面传来德法联军突又西进，拟攻晋东要隘固关的消息。两宫及王公大臣闻讯如惊弓之鸟，慈禧于是决定逃往西安，传旨准备十月一日起驾离晋，命山西、陕西督抚筹办沿途有关事宜。

九月三十日，高钰接到桂春回复。桂春在信中说："銮舆定于初八日启程，路至祁县，特此奉闻，拟到时趋叩不尽。"高钰立刻与县令商议，进行了周密准备。

十月一日，慈禧从太原起驾，随行人员较前又有增加，军队除八旗兵外，沿途还有陕军、甘军、川军等肃立道旁，全力警卫。大队于上午九十点钟，到达小店镇，只有慈禧、光绪和皇后数人入宫用餐，王公大臣只占用八座公馆歇息，用餐者寥寥。而路过北格镇行宫，饮茶水者甚少。这天行走了七八十里，当日抵徐沟县。慈禧在徐沟县过了一夜后，次日启程，前往祁县县城大德通总号。

这一天，大德通票号大院修葺一新，粉刷彩画，张灯结彩。凡慈禧所到之处都用红毡铺地、黄缎围墙。大德恒、大德通全体伙友肃然立于街道两旁，众人的眼睛都望向街头。一向不喜巴结逢迎的乔致庸

---

① 黄鉴晖：黄鉴晖选集，山西经济出版社，2018年。

第十章 登顶巅峰留遗憾

这天也一早从家里赶来迎接圣驾。

他们整整等了大半天,直到日头西斜,才在鼓乐声中,见慈禧和光绪的銮驾出现在街道尽头,除了前导、护卫,没有旗、扇、伞、盖仪仗。乔致庸见了嘀咕一声:"还算简朴,毕竟是逃难,不低调也不行啊。"就在他失神时,就听得一声喊:"太后、皇上驾到!"乔致庸随其他人一起缓缓下跪,口呼:"皇太后福寿无疆!皇上万岁,万万岁!"还没等光绪帝说"平身",乔致庸便忍不住悄悄抬头,向慈禧太后看去,顿感吃惊:这哪是什么皇太后,分明就是一个乡下老妪,她微微下陷的眼窝里,一双因孤独无助而显得极为悲凉和凝重的眼睛,似乎诉说着岁月的沧桑。他不忍久视,暗想,既然是逃亡,免不了风餐露宿、饥肠辘辘,哪怕曾是骄横跋扈、权倾一世的老佛爷,也经不起这般折腾。

当晚,各色名贵菜肴送进慈禧室内。用膳之后,她在大德通票号留宿一夜。慈禧对乔家的接待比较满意,让内侍李莲英传话口头嘉奖。乔致庸一高兴,又借给囊中羞涩的慈禧二十万两白银。慈禧临行前,又要李莲英传话,问及乔家想要何种赏赐。乔致庸笑着说:"能为皇上、太后孝敬一点钱财,是小人天大的福分,也是乔家的福分,怎敢要什么奖赏!"李莲英还未开口,乔致庸立即将话锋一转,缓声道:"不过,草民听闻老佛爷的书法堪称一绝,不知道能否赏赐几个字,让乔某装裱珍藏,悬于高堂,也让乔家后代知道乔家曾有幸招待过皇上和太后。"慈禧太后心里舒畅,当即挥笔写下了"福种琅嬛"四个大字。

乔家是富商,在赚取利润的同时,更重要的是赢得口碑和荣誉,所以,乔致庸选择了让慈禧太后赐字。"福种琅嬛",指福气十分重的地方,是传说中神仙的洞府。乔家得大清的掌权者慈禧如此肯定,也算是光耀门楣。

乔致庸认为,虽然清廷当权者腐败无能,眼下洋人又把大清国闹了个天翻地覆,但是大清朝廷仍然是唯一合法的政府,没有了国家,就没有了一切；慈禧、光绪虽无能，但他们依然是大清的实际统治者，所以帮助慈禧和光绪，也算是帮助国家，尤其是国难当头之时，更应该支持国家。国家兴亡，匹夫有责，作为一个商贾大家，乔致庸的仗义疏财，是一种责任和担当。

第三节 登顶巅峰

光绪二十七年（1901年），李鸿章与英国、美国、俄罗斯、法国、德国、意大利、日本、奥匈帝国、比利时、西班牙、荷兰十一国外交代表签下丧权辱国的《辛丑条约》之后，慈禧返回了北京，她立马解除了对山西票号的禁令，并对晋商提出了赞扬。有了慈禧的谕旨保护，晋商们从这年开始一直到清朝灭亡，也步入了最后十年的黄金时代。

1902年2月下旬，为营汇四川省京协炯和各埠商业款项，高钰决定派伙友去成都设分号。因为伙友在成都人生地不熟，他专为分号拟订了三条章程：谨慎从事，先做汇兑，随后再放款；每户贷款额，上等户不能超过二万两；要谦和勤劳，不要骄傲奢侈。并告诫伙友："近来银行林立，我号利权几为所夺，矧值商战之秋，显然优胜劣败，若不速筹自立之方，恐无以扩利源而垂久远。自立之道维何？一曰实事求是，二曰一意从公，三曰随机应变，四曰返璞归真。果能身体力行，自可立足不败。否则渐退，后必有江河日下之虞。此为我号救时良策，希弟等实力遵行，认真研究，以行他人之不能。"[①] 大德通成都分号很快又运作起来。

---

① 中国人民银行山西省分行、山西财经学院：《山西票号史料（增订本）》，山西经济出版社，2002年。

第十章 登顶巅峰留遗憾

《辛丑条约》签订后，慈禧太后颁发了一道上谕：由各省督府解缴中央的款项，全部由山西票号经营。也就是说，《辛丑条约》的赔款连本带息，约十亿两白银交由山西票号经营。各省把每年应交的赔款交给当地票号的分号，由票号汇给汇丰银行，再由汇丰银行转给列强各国政府。

在此背景下，阎维藩重返汉口、南京、上海、苏州、杭州、福州等口岸城镇，重新开设分号，利用强大的人脉关系，不仅代理清政府战争赔款，还代理部分地方赋税款、赈灾款、河工款及饷银等的上缴、发放。蔚泰厚票号北京分号经理李宏龄说："庚子之乱，天子西巡，大局岌岌，各商停滞，而票商之持券兑现者，上海、汉口、山西各处云会雾急，幸赖各埠同心，至是之后，信用益彰，即洋行售货，首推票商银券最是取信，分布遍放通国，名誉著放全球。"

在庚子赔款中，乔家票号经营了其中大部分，乔致庸播下的善种，在这一刻收到了最丰厚的回报。

1906年，乔家的生意进入最辉煌的时期。到庚子事件之后，国家再次放开民间公款汇兑，所有山西票号都大获全胜。大德通票号在光绪十年（1884年）每股分红是850两，光绪十四年（1888年）增长到3040两，到光绪三十二年（1906年）每股分红高达17000两。

光绪年间，乔家先后在归化城开设了主营日用百货的"通顺南店"，主营绒毛皮张的"通顺北店"，主营粮食的"大德店""德兴店"，主营米面的"德兴长"，在太原开设了"晋泉涌"钱铺，在太谷开设了"恒豫"钱铺，在祁县开设了"义中恒"钱铺，在乔家堡开设了主营日用百货，兼营饭庄酒馆的"万川汇"等。乔家在国内各大城市均有商号，共拥有票号、钱庄、当铺、粮店等200多处，流动资金达到了800万两。如果加上他的固定资产，乔家的财产总计超过了3000万两。

转眼又是一年过去了,年关将至,乔家大院内外又热闹起来。第一,四年一度的账期到了,这是东家、掌柜的和伙计们分红的季节,是银子扎扎实实进到自己口袋里的季节;第二,眼看着又到了腊月二十四,又是乔家掌柜们吃团圆宴的日子。从各地分号归来的掌柜们齐聚一堂,欢声雷动。

这时,乔致庸进来端坐在桌旁,沉声静气问:"马大掌柜来了吗?"

马公甫连忙站起身来,躬身应道:"两天前就赶到了,东家。"他在复盛公干了四十几年,已经从二十岁不到的小伙子变成了年过花甲的老人。

"包头复盛公及各分号,这一个账期的总收益如何?"乔致庸问。

马公甫回道:"说来惭愧,复盛公及几十家老字号商铺,本账期利润竟不及大德恒、大德通两家票号的十分之一。"

乔致庸听了,微微笑道:"已经很不错了。马掌柜做的生意,都是利民之事,一向信奉薄利多销,哪能只顾赚钱呢?"然后,他又问:"两位总经理都来了吧?"

"都来了,大家兴高采烈,只等东家问话了!"高钰道。他走到乔致庸身边,发现老东家突然面色变得凝重起来。

阎维藩也感觉到乔致庸的面色不对,劝道:"东家,人都到齐了。若是东家身体不适,请映霞少东家代劳也是可以的。"

乔致庸没有应声,眼睛望着门外,突然道:"潘经理、高经理,这一个账期,我们大德通每股的红利是多少?"

"哦,东家,我还没来得及向您禀报呢。今天上午我和高大掌柜把账算完了,这一次,我们大德通每股的红利撑破了天!"

乔致庸神情平淡地问道:"到底是多少?"

阎维藩一字一句道:"一万七千二百三十四两!东家,就连刚在铺子里顶一厘身股的小伙计,今年也能分到一千多两银子的红利!这

第十章 登顶巅峰留遗憾

可是大德通从没有过的事！"这一惊人业绩，令他激动，说着说着，泪珠就挂上了眼角。自从当年乔东家礼聘他出任大德通的总经理，十余年来他一直在开埠城镇与外资银行、洋行较量，经过了多少年的磨难，又遭遇过多少风雨，大德通才有了今天这种汇通天下的局面，成为全国票号业的领袖。

他一边讲，一边观察着乔致庸的表情变化，乔致庸一反常态，始终未动声色。沉默良久，他突然开口："潘经理、高经理，大德通今天一股红利竟有一万七千多两，你们总共赚了多少银子？这些年国家一日不如一日，洋人大举入侵，山西大商家一个个倒闭，走在祁县大街上，你能看到商铺一家接着一家关张……这四年你们怎么还能赚到这么多银子？这些银子，是你们做什么生意赚来的？"

阎维藩与高钰对望一眼，心中一沉，耐心解释道："东家，自从庚子事变那年我们接了太后、皇上一次驾，就出了大名，各地官府年年都找我们往京城里汇兑大批官银；朝廷要应付洋人，一时银子不凑手，也找我们借；还有那些皇亲国戚，觉得太后是我们的靠山，也把自己的银钱生意交给我们做，我们的盈利自然就多了！所以……"

他没有再说下去，因为他注意到乔致庸并没有认真听他讲。乔致庸说："你们想过没有，经你们手从全国各省汇过来的银子，交到朝廷以后，都去了哪里？"

阎维藩和高钰又相视了一眼，一时间不敢作答。"你们以为我不知道你们这些年做的都是什么生意？你们做的是帮朝廷从各省解送银两，向日本人交赔偿银子的生意，做的是帮朝廷向列强交纳赔给八国联军四亿五千万两银子的生意！战争赔款、洋务运动经费、铁路经费、京饷协饷……都经由你们的票号。官银汇兑手续费4%左右，某些省份高达8.5%。票号是获得了巨额利润，但这样的生意值得炫耀吗？"

乔致庸说得激动，声音都有些颤抖了："我一生都梦想实现汇通天下的目标，没想到如今是汇通天下了，竟然做的是这种事！这样下去，用不了几年，不用外国人再打进来，中国的银子就空了，大清国就完了！国家完了，咱们的票号、咱们的生意，也要完！你们今天这么高兴，就没有想过，这么好的生意，还能撑几年？你们有没有思考过这样一个问题，票号从一开始就与政府关系密切，将自己的命运之索，系在政府这辆车上，过度依赖官方业务，当王朝走向衰亡之时，票号由于失去了政治庇护必然衰落下去……"他说着，那双黑亮眸子中的光芒慢慢地黯淡了下去。

乔致庸在这一次听取各大德通、大德恒、复盛公的经理和掌柜汇报账目后，就一病不起。

光绪三十三年（1907年）的一天，乔致庸让孙儿乔映霞扶他起来，想要看看整个乔家大院，还没看到一半，他的身子就动弹不了了。乔映霞忙把他抱回到正堂，让他靠在躺椅上。他想说什么，却口不能言，他艰难地抬起手，指向屋外，乔映霞却不明其意。只见暖阳斜照，万丈光芒给大院抹上一层金色。过了一小会儿，乔致庸的手慢慢垂下，双目一闭，带着遗憾，离开了这个世界。

光绪二十六年（1900年）到光绪三十四年（1908年）是大德通、大德恒这两个票号发展的高峰期。但是，随着1911年辛亥革命爆发，清政府被推翻，在历史的大潮流下，山西票号的命运也如乔致庸所料，走向衰亡。

因军阀混战，时局动乱，商业环境险恶，山西一些票号纷纷倒闭歇业。大德通票号也有很多欠款无法收回，因此造成了亏损和周转困难，乔家从各地调出大批银子注入票号救急，同时大德恒在江南的票号全数关张。

民国十九年（1930年），蒋介石、冯玉祥、阎锡山之间爆发一

第十章　登顶巅峰留遗憾

场混战，由于战争消耗巨大，阎锡山只得通过大量发行晋钞聚敛民财，种下了晋钞贬值的祸根。战争的失败，加速了晋钞的贬值，转眼之间，晋钞贬值了二十五倍。绝大多数的山西票号都永久关门歇业了，而祁县乔家的大德通、大德恒和祁县渠家的三晋源这三个票号却依然顽强挺立。

其时，大德通票号经营了不少晋钞的存放款业务，但掌柜们都没想到战争会败得如此之快，更没有料到晋钞会贬得如此之惨，他们在这次买卖进退上失算了。当时也有一个变祸为福的不义之法：像多数商家一样，对晋钞存款户以晋钞付出。这样储户的存款就贬值了，大德通不仅不赔钱，还能发一笔横财。

但大德通票号没有用这样损人利己的不义之法，而是反其道而行之：对晋钞存款户以新币付出。这样储户的存款保值了，而大德通却赔钱了，为了弥补这次晋钞贬值的大亏损，大德通动用了多年来的积蓄。

大德通票号在这次晋钞贬值事件中的所作所为，已不是商人做生意了，而是做善事了。凭借多年来积累的信誉和东家雄厚的财力，大德通票号仍顽强地支撑着局面，在极为艰难的情况下惨淡经营。

大德恒票号的主要业务在南方，因几次往北抽调本金，且大量纸币发行，业务越来越少，坚持到1948年才歇业。

大德通比大德恒坚持的时间更长一些。挺过了阎锡山的洗劫、冯玉祥的摊派、日军的抢占，直至1949年底，大德通票号才关门歇业。1955年，包头的几家店铺被改造为公私合营制，直到这时，乔家的票号生意才算正式结束。

至于包头复盛公的生意（钱庄、当铺、油、米、面等），1945年抗日战争胜利后，各商铺纷纷申请复业，独复盛公止步不前，财东、伙友都无意再从事经营。多数职工接踵离号，复盛公名存实亡。

到了1950年，公私合营的大潮涌起，乔家后人乔铁民、乔子珍等把在包头的油坊、面铺廉价出售给职工接办，把大部分房产、地产平价出售给国家，并把房产分赠给各号执事的掌柜。乔家与百年商号复盛公此后彻底脱离了关系。

泽润后世商人德

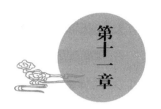
第十一章

第一节 商规、家规遗训

晋商大多以儒商自居,他们结交百里同乡,维系他们的仍然是一个"义"字,共同的精神信仰使他们能相互扶持,同舟共济,取他长补己短,互通有无,共同发展。乔家自乔贵发创业开始就立下了"和睦乡里,扶危济困"的商规。

乔致庸认为,商人经商如同做人,一样要有道德规范。他曾说:"唯无私才可大公,唯大公才可大器。"在晚清那段艰难的岁月里,一个商人能有这样的境界是十分难得的。所谓在商言商,很多商人为了获取利益往往自私、贪婪,而乔致庸的"重德"并不只是说说而已,他一生都在认真践行。他制定的首个商规是重厚道,讲诚信,不欺不诈,不瞒不骗,以义取利。诚信聚人气,重德汇财源。

经商之德首重诚信。乔致庸将《论语》中的"人而无信,不知其可也"奉为圭臬。乔致庸把儒家思想和晋商多年的商业实践结合起来,将诚信作为自己的立身之本和经商之道。他是这么说的,也是这么做的。乔家油坊的一位伙计,为了牟利在胡麻油中掺假,乔致庸发现后,将伙计痛斥一番,并且倒掉整批掺假的胡麻油,重新换了货真价实的胡麻油。乔致庸有一种不为眼前的小利而背信弃义的大商人心态。

当乔致庸发现家族子弟不遵祖训,在生意中欺瞒顾客、缺斤少两的时候,他曾将一席人带到关帝庙内,核准秤杆刻度,并在秤杆上钉了三颗分别表示福、禄、寿的铜星。就是说做生意时,缺一两就是缺德,缺二两就要破财,缺三两必折阳寿。他用明代山西商人王文显的话训诫子孙道:"夫商与士,异术而同心。故善商者,处财货之场而修高明之行,是故虽利而不污。"

经商之德在于利取于正途。他认为,经商之利该得一分得一分,不能赚昧心钱。乔致庸始终认为经商"首重信,次讲义,第三才是利",不能把利摆在首位。

除了总则之外,无论总店还是分店,莫不有规。每开一家店,每设一个分号,乔致庸就会跟经理一起拟定适合本号的号规。

在治家方面,他以《朱子治家格言》为准则,把它当作儿孙启蒙的必读课,同时写在屏门上,作为每日的行动规范。儿孙如若有过,则令跪地背诵,如犯抛米撒面之错,便把"一粥一饭,当思来之不易;半丝半缕,恒念物力维艰"反复诵读,直到认错为止。乔致庸还亲拟对联请人写好刻就,挂在内宅门上:"求名求利莫求人,须求己;惜衣惜食非惜财,缘惜福。"以此告诫儿孙,注重节俭,不要贪图安逸,坐享祖业。

有一次,马公甫从包头来到乔家堡交账,事毕他对乔致庸说:"东家,我还有些不中听的话想说。乔家之所以长盛不衰,就在于咱乔家三辈子都有守德敬业之人。可是下面的几代品德、能力如何,不好估计。望老东家念及祖宗创下的百年基业,把家规、家训体现在纸上,用这些条条框框严肃家风,教子弟们守德敬业。"

一番话,戳到了乔致庸的痛处,也说到了乔致庸的心坎里。若按

第十一章 泽润后世商人德

常人看,此人年纪轻轻,干涉乔家家事,竟教训到东家乔致庸头上来了,实在是轻狂无礼。可乔致庸与常人不同,他时刻挂记乔家的昌盛。

他想道:此人能替乔家着想,足显其忠心和远见。乔家除了他,没有第二人这样想。因此,乔致庸对马公甫不仅不恼,反而倍加器重。

他常告诫子孙,"惟无私才可讼大公,惟大公才可成大器""气忌躁,言忌浮,才忌露,学忌满,胆欲大,心欲小,知欲圆,行欲方""为人做事怪人休深,望人休过,待人要丰,自奉要约;恩怕先益后损,威怕先紧后松"。

乔致庸拟定的《乔氏家训》中,开篇就告诫子孙要谦和谨慎。

能知足者天不能贫,能忍辱者天不能祸。
求医药不如养性情,多言说不如慎细微。

并且亲自拟定了六条家规:不准纳妾、不准赌博、不准嫖娼、不准虐仆、不准酗酒、不准吸毒。

如果家中有谁敢违背任何一条,必须跪在大院中,在大家的监督下背诵《朱子治家格言》,直到完全认清错误后,才能磕头谢罪,起身离开。

乔致庸的"六不准"家规,促成家族团结一心,仆人们也忠心耿耿。

其一,不准纳妾。在封建社会,男人只要有钱有地位,娶再多的妾也无可厚非。但是妾多了,难免会发生争风吃醋的事。不准纳妾的家规在当时的人看来是没有必要的,甚至是违反社会常态的。但乔致庸对此非常坚决,任何私自纳妾的乔家人都会被没收财产,逐出家门。

所谓家贼难防。一旦掌握家庭财产的男子有了众多妻妾,便很难保证妻妾不会为了各自的财产明争暗斗,最终受损的还是整个乔家。因此,为了防止内乱,乔致庸严禁族人纳妾。家里挑选女仆的时候,也不用年轻漂亮的女孩，多选一些相貌平平的中年女性。

其二，不准赌博。赌场上，输多赢少。历来无数富家子弟在赌场上醉生梦死，最终妻离子散，家破人亡。一旦有家族成员沉迷赌博，一来二去，就算手头有不少的资产，也禁不起流水一般往外花，时间一长必然会出现败家的情况。因此，赌博是他明令禁止的事情。

其三，不准嫖娼。色字头上一把刀，英雄难过美人关。再有本事的男人，一旦陷入青楼歌台，莺莺燕燕，不仅消磨了金钱，也磨灭了人奋斗的意志，变得贪图享乐，毫无节制。

其四，不准虐仆。在当时，仆人就是奴隶，被当成货物一样随意买卖，主人也可以随意惩罚。地位低下的仆人根本不被当作人看。但是乔致庸认为，仆人们尽心尽力为家族工作，应当得到起码的尊重。乔致庸虽无法阻止族人对仆人的鄙夷，却可以禁止他们虐待仆人。仆人也是人，一旦被虐待，很容易滋生仇恨，如果再被人加以利用，里应外合之下，乔家大院危矣。

因此，善待仆人其实也是维护乔家大院内部团结和谐的手段，只有给予仆人足够的尊重，他们才会真正地把自己当作乔家的一员，而不会为了一时的仇恨或者利益背叛乔家。

乔致庸不仅善待下属，对于周遭的平民百姓，也始终怀着一颗怜悯之心。光绪三年（1877年），山西不少地方陷入饥荒，乔致庸散尽家财，购得粮食，赈灾济贫。十几万饥民，在乔致庸的帮助下，熬过去了。

其五，不准酗酒。经商者，行遍天下，需要结识的人数不胜数，谈生意，酒桌就是拉关系的最佳舞台之一，故而不管是能喝不能喝，只要做生意，多少都得沾点。

乔致庸不反对族人在经商时喝酒，但是他严禁酗酒。酗酒伤神、误事。生活中，酗酒会让人整日浑浑噩噩，不思进取，一心扑在酒坛子上，活成一条寄生虫；商场上，酗酒贻误时机，影响人的判断与选择，可能导致生意遭受巨大的损失。

其六，不准吸毒。相比于酒，鸦片更为可怕，因为鸦片是毒品。乔致庸明白，举国上下的鸦片都是外国人输送过来的，是有着险恶用心的。因此，乔致庸虽然是个商人，却从来不做鸦片生意。不管其中的利益多大，他都严厉制止，这也是他的底线。如果发现有族人吸食鸦片或者从事与鸦片相关的事情，乔致庸也会给予最严厉的惩罚。

在严格的家规下，乔家的子孙都兢兢业业、勤勉朴素、德才兼备，也只有在这样的家族氛围中，才能培养出热心公益的大管家乔景俨、革命先驱乔映霞、抗日英雄乔倜等杰出后人。

第二节　家学教育

从乔贵发那一代开始，乔家就格外重视子孙的教育。乔贵发发迹后，他其中的一个儿子乔全义曾经考中秀才，其他子孙也都被送到私塾读书。

乔致庸也是秀才出身，直到老年时还手不释卷。乔致庸晚年急流勇退，商业上的事全权委托给子孙，自己则休居在家，闭门课子，史载他"肆力史册，广购图书，效法燕山窦氏，严饬子孙无少懈"。

乔家设私塾，氏族子弟不分男女，不论亲疏，一律可以上学读书。乔致庸对任教的老师十分敬重，他聘私塾教师一定要聘德才兼备之人，且尤为礼遇。如他对所聘名儒刘奋熙，非常尊敬，怕折损了读书人的面子，经常暗中资助刘家。乔致庸对儿孙们说："圣人讲天地君亲师，人生在世，除了天地、君主、父母之外，最要敬重感激的就是先生了。这位刘先生愿意屈尊来我们家教导各堂子弟，就是我们乔家的恩人。我们每个人都要把刘先生当成恩人款待。"

乔家对塾师逢节日必有礼敬，专配有二名书童陪侍，吃饭时由家长作陪；遇有家宴或宴请宾朋，必请塾师入上席；塾师来授课和回家时，必备轿接送，家长率子弟恭立甬道送迎。乔氏如此尊重塾师，其目的是让师者在子弟中树立威望，让他们对塾师产生崇敬之心，有利于塾师秉权执教，约束子弟。同时使塾师感恩戴德，可不遗余力地施教，使乔家子弟学会以诗书修人品，以学问养心性，保证了家族家业后继有人。

乔致庸重视家教，还有一种独特的方法，他亲拟对联请人写好刻就，挂在宅院内各堂各室的门上，宗祠、书塾、大堂、书房等门上都有他写的警句。

"诗书于我为曲糵，嗜好与俗殊酸咸"楹联出自宋代苏轼的《又一首答二犹子与王郎见和》和唐代韩愈的《酬司门卢四兄云夫院长望秋作》。意在教导儿孙，要增长自身学识，培养与俗世众人不同的爱好，培养高雅情趣。

乔家祠堂有一副对联："百年燕翼惟修德，万里鹏程在读书。"意思是说，先辈恩泽荫庇后代，为后辈谋划美好未来，唯有勤修德行，继承发扬祖业，才能光耀祖先。想要有远大前程，就必须勤奋读书。

乔家私塾院木雕匾额上书"会芳"二字，意为见贤思齐，汇聚贤德人才。处事心要宽宏坦荡，待人性情要温厚平和。

乔家家教中还有一条是乔致庸极为看重的，那就是"勤俭持家"，把勤俭作为传家美德。人要在社会上立足、成就事业，必须重修养、行正路、做善事。乔致庸以诗书礼仪和言传身教让后辈在潜移默化中受到教育和熏陶，形成端正、和善、诚信、勤俭、儒雅的家风，并且能世代相承。

只有在日常生活中把善、仁、信、义等美好品德内化于心，并真正身体力行，这些美德才能得以发扬传承。

第十一章 泽润后世商人德

乔致庸晚年,第六位夫人、最小的儿子先后离世,他悲痛之余,仍然不忘督促子孙读书,可见乔致庸对儿孙教育的重视程度。

第三节 育六子皆不顺意

人生不如意之事十之八九,尽管乔致庸为子孙谋划得很好,但也无法预知未来要发生的事情。

乔致庸一生曾先后娶过六个妻子,育有六个儿子:长子乔景岱、次子乔景仪、三子乔景俨、四子乔景侃、五子乔景偁、六子乔景僖。可惜这六个儿子都不符合乔致庸挑选当家人的标准。乔致庸共有十一个孙子。而他在挑选接班人时,也是费尽心思。

长子乔景岱,生于道光十八年(1838年),大约在十二岁时过继给乔致庸的长兄乔致广。

乔景岱身为乔家长子,难免骄纵,不太愿意接受他人意见,做事也有些强势。乔景岱一心想垄断经营,自然对同行打压严重,长此以往,他与各同行的关系降至冰点。后来在口外经商时搞恶性竞争,甚至被人以"欺行霸市、勾结官员"为由告上法庭,并被判为斩监候。乔家为此花了大笔银子,动用了大量的关系,通过宫中斡旋,才救下他一命。之后乔景岱就远离了乔家的生意。

关于他的死也是众说纷纭,一说是被同行买凶杀害,另一说是乔致庸恐他折损乔家颜面将他囚禁,他郁郁成疾而亡故。在乔致庸的儿子中,只有他的官衔最小,不过是个七品衔。加上他为人跋扈,向来不受乔致庸所喜,又过继给他人,因此在他死后,墓碑上没有刻"景"字,似乎有不认这个儿子的嫌疑。

次子乔景仪,生于道光二十年(1840年,存疑),据说也过继给了乔致广。他是乔家官衔最高之人，赏戴花翎，二品衔补用道员，附贡生。在经商方面也很有天赋，为人机警且善于交际，时常出入朝廷王公大员府邸。不过，他和大哥一样，自小也是个性刚烈、勇武好斗之人，忘记了和气生财这个道理，到处树敌，在包头时曾因为得罪了蒙古王公，被人暗杀，而且死后头颅还被人割下，大同总兵因与乔家关系密切便派兵将其尸体护送到乔家，据说下葬时，乔家为他配了一个银头颅。

三子乔景俨，生于咸丰九年（1859年），心地善良，自小就爱读书，对做生意毫无兴趣，为人宽厚且处事十分小心谨慎，不像他的哥哥们那般冲动激进。可在生意场上做事情是需要一定的魄力与担当的，他这般瞻前顾后自然难当大任。不过，他在老家替乡亲们办了不少好事，他的谨慎与宽厚还是受到了父亲的认可，在乔致庸年老后，家中内务完全交给他打理。他的一生相对来说比较平淡无奇，只活了四十岁就去世了。

四子乔景侃性格最为内向，不善言谈，是个不折不扣的老实人。成年后也曾帮助过父亲打理生意，但身体状况不佳，是乔致庸六个孩子里最早离世的，白发人送黑发人的痛也曾让乔致庸撕心裂肺。

五子乔景偁和自己的父亲一样，喜欢钻研学问。童年时期就显示出了非凡的天赋，被视为神童，乔致庸本想花大力气培养这个儿子，但见他一心求学，想到自己的经历，也就打消了让他经商的想法。他虽有望通过科举考上功名，无奈上天不眷顾，年纪轻轻便去世了。

六子乔景僖，和五子一样，虽然也是读书的材料，可惜生来体弱多病，既不能继承乔家家业，也不能读书入仕。他年少就缠绵病榻，更是破了乔致庸定下的家规，染上了毒瘾。原本按照乔致庸的性格，定是要严厉训斥他的，只是看到自己年幼的孩子深受疾病困扰，他又对最小的儿子格外疼爱，终究软了心肠。六子不到三十岁就离开了人

第十一章 泽润后世商人德

世，着实伤透了父亲的心。

乔家家业丰厚，门风严谨，乔致庸在教育子女方面颇为用心，严苛烦琐的家规让他的儿孙绝不敢行不端之事。可惜他的六个孩子都未能如他所愿，在性格、能力方面都各有欠缺，都不具备继承乔家家业的能力。

不过乔致庸本人寿命够长，他最终在自己的十一个孙儿里挑出了合适的继承人。

发家不易，守家更难

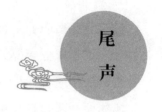

尾声

"富不过三代"的谚语，在历史上一次又一次地重演，能够逃脱这个魔咒的富商家庭实在是凤毛麟角。

清王朝的最后岁月，某种程度上也是晋商的黄金时代，乔家生意达到鼎盛。然而，旧式的经营模式毕竟不能适应新时代的变化。乔致庸等晋商虽然拥有无比雄厚的资本，却因为自身与封建政权的高度捆绑，以及固守传统商人的思维，在向近代化资本转变的过程中落在了时代后面，在与外来资本的较量中败下阵来。清朝覆灭后，晋商迅速走向衰亡。

乔致庸在下一代"景"字辈中，没有找到满意的接班人，最终只能在"映"字辈中选拔。

乔致庸的长孙是乔荩臣（乔佩芳），他是乔景岱的儿子，按照乔家的家谱，乔荩臣当属在中堂"映"字辈长孙，可能是其父亲的原因，才没有按家谱取名。不过乔荩臣在做生意上颇有天赋，早早地就帮自己的祖父乔致庸打理家业，在乔致庸故去后，便成为在中堂的掌门人。

但是，乔荩臣是喝过洋墨水的人，他比较倾向于把生意做到国外

尾声 发家不易，守家更难

去，在国内也至少应该在四个区域性大市场（东苏州、西汉口、南佛山、北京师）占据一席之地。他努力将乔家产业拓展到北京、天津、上海等开放的大城市，但是，他的决策没有得到同族兄弟们及大德通、大德恒、复盛公掌柜和经理的支持。兄弟们的理由是大环境不好，生意不宜向外扩张。

民国六年（1917年），乔家族人乔星斋筹资6万元在祁县县城开办宏晋银号，由于经营不善，于民国九年（1920年），由大德恒总经理阎维藩接手，共筹集股金20万元，并学习西方现代银行的经营管理理念，制定股份制企业章程，主要做存放款汇兑，还发行纸币，宏晋银号生意日益兴隆。

乔茂臣说得一口流利的英语，既然多数兄弟都不支持他，他就独自去了北京，成为北京城著名的商人洋买办，还做过北京百代唱片公司以及三枪自行车的代理人，后来担任北京前门屈臣氏西药房经理，还在前门街（即原大德通京城分号所在的那条街）多家商号投入了股份。

1926年3月，乔茂臣离世前让堂弟乔映霞接任了在中堂的当家人。乔映霞同样很开明、洋派，敢作敢为，思想激进。早在他接管在中堂之前，他就非常推崇西方思潮与变法，对康有为、梁启超十分崇拜，对孙中山先生领导的资产阶级民主革命更是坚决拥护，并加入了同盟会。他倡导兴办教育，破除迷信，曾经在祁县乔家堡创办私塾、小学堂，亲自领人在乔家堡村改庙宇作学堂，创办童子军，还聘请了拳师，向乡邻子弟传授国学、新学和武学；还率先剪辫子，动员家族妇女摒弃缠足之陋习。因为这些激进的做法，村里人认为乔映霞是个怪人，与谁都不一样。有人还编了顺口溜嘲笑他："成义子，削了头发剪辫子，穿得洋袄儿洋裤子，脖子上扎得腿带子，裤子裆里缀扣子，尿尿不用解裤子……"这样的顺口溜，至今仍在祁县流传着。

民国二年（1913年），乔映霞被选为祁县第三区区长、禁烟委主任。

为了禁种鸦片，在威吓聚众反抗的农民时行为过激，误用枪打死一人，花了很多钱才了结此事。1914年金永任山西巡按时，意欲勒索乔家，又旧事重提，官府传拘乔映霞，他不得已逃往天津租界。在此期间，他信奉了基督教。

民国五年（1916年），袁世凯死后，乔映霞终于摆脱命案的阴影，返回老家祁县，开始专心整顿家族事业。乔映霞深受祖父乔致庸的熏陶，又具有其父好强的性格，目标远大，不甘落后。主持乔家后，他治家颇严，家人对其非常敬畏。他不愿意乔家偌大家业在他手中败落，力图振兴，事事按其祖父的遗训行事。

乔家在中堂的"映"字辈兄弟众多，他们既不从事别的商业活动，也没有从政，就以股本分成。乔映霞便让已成家的兄弟另立门户，独立为生。还自命斋名，如"自强不息斋""退思补过斋""知不足斋""昨非今是斋""不得不勉斋""日新斋""习勤斋""时新斋"等。

乔映霞管理家族期间，又一次扩建了乔家大院，这是乔家大院的最后一次扩建。扩建过程中充分体现出了"中西结合"的特点。在和老院相通的跨院敞廊处，修了墙壁，新院的风格不变，但窗户全部换成了大格玻璃，配以西式装饰。屋檐下的真金彩绘，也在原来的"麻姑献寿""满床笏"等传统画作中，加入了铁道、火车等新事物。在西北院的改建中，更是按西式风格装修了客厅，增设了浴室和西式厕所，在传统的中式建筑中融入了西式风格，可谓别具一格。

乔家大院历经三次大规模兴建、扩建，始成今日格局。

乔映霞积极推行票号、钱庄及其他商铺的改革，使乔家生意又上了一个台阶，迎来了最后的也是短暂的辉煌。到了军阀混战期间，社会动荡，战争不断，很多票号濒临倒闭。资本实力雄厚的乔家大德通票号，也历经劫难：仅在1926年，冯玉祥就要走大德通票号500万石粮食、150万银圆，大德通元气大伤，生意日渐萧条，真正到了生

尾声 发家不易，守家更难

死攸关的时候。

在如此困难的情况下，乔映霞依旧恪守祖训以诚信待客，在票面一直贬值的情况下自负亏损，依然按贬值前的数额兑银，最终造成30万两白银的亏空。原本就在困境中挣扎的大德通，更是雪上加霜。

乔映霞神情凝重地说："即使大德通为此倒闭，乔家也不至于沦落到衣食无着的地步，而如果我们不这样做，对于一个储户来说，面临的威胁将关乎身家性命。"

此时，乔家赖以起家的包头复盛公也逐渐没落。抗日战争期间，日军侵占包头后，霸占了复盛公在包头的钱庄、当铺，乔家在包头的生意从此一蹶不振。日军入侵山西之后，为躲避战乱，乔家绝大部分人在乔映霞的带领下，放弃所有祖业，举族迁往天津，先后在天津树德里、忠厚里、连璧里居住过。后来乔映霞在天津亲自督建了赤峰道乔家小楼。而到抗日战争胜利，复盛公也没能恢复运营。

乔映霞是乔致庸后代之中最有活力，也最有能力的一个人，擅长捕捉商机。但在乱世之中，在种种打击之下，乔家从此一蹶不振，不免令人扼腕叹息。

尽管乔映霞精明能干，但和他祖父一样，他的婚姻生活也很不顺。乔映霞原配程氏，祁县东观村人，因难产早亡。继娶杨氏，是太谷县名士杨次山的胞妹，在光绪二十四年（1898年）前后嫁到祁县乔家。婚后两人情意绵绵，到光绪二十九年（1903年）始得一子，全家高兴至极，将小儿视若珍宝。为防疾病缠身，取名子健。但不久杨氏就去世了，乔映霞失去爱妻，痛哭流涕，日思夜想，发誓不再续娶。不过十年后，乔映霞在天津避难时，偶因小病去医院就诊，遇见正在医院病房实习的护士刘秀菊，两人一见钟情。刘秀菊和乔映霞结婚后生有一子。五年后，因年龄差距过大两人感情破裂，最终离婚。刘氏离婚后，改嫁了北京某医生，乔映霞为此痛不欲生，曾跳楼自杀，致使髁骨断裂，造成终生跛腿。

　　婚姻、事业两不顺，这对乔映霞的刺激太大，他一度精神失常，只得往返于天津、北京、山西休养。1949年，乔映霞与二儿子乔铁民回到天津。第二年，乔家卖掉了赤峰道上的房产，乔铁民一家搬到北京，而长子乔铁汉一家则留在了上海。1956年乔映霞病逝于北京，终年八十一岁。

　　一代清朝巨富家族，就这样陨落在历史的尘烟中，如今就只剩下百年不倒的乔家大院，诉说着乔家那段波澜壮阔的故事。